第六脳釘怪談

朱雀門出

竹書房
怪談
文庫

目次

一　十五の夜

十五歳はある種の区切りだ。

ヒトの片手の指は通常は五本だから、指で数を数えると五は区切りの良い数であり、それを三回繰り返した十五も区切り良いということもあるだろう。

それもあるだろうけれど、十五歳というと、孔子《こうし》も学を志したものだし、バイクを盗んで走り出すような承認欲求が高まって奇行に出る困った者もいる年頃である。

我が身を振り返ってみると、十四歳までは身長は一四〇センチほどしかなかったが、十五歳から急に伸びた。こういう成長には個人差はあるけれど、ヒトを生物として見ても十五歳はある境界となるように思える。

この話は甘木《あまぎ》さんというとても男前の方から聞いた。彼はとても整った綺麗な顔をしていて、五十歳を超えた今でもとてもダンディだ。子供の頃の写真を拝見したが、お人形さんのような美少年である。そんな甘木さんが十五歳の誕生日に体験した出来事である。

皆に誕生日を祝ってもらい、嬉しさから興奮していたという。風呂に入ってパジャマに着替えはしたが、すぐには寝られないだろうなという自覚があった。とはいえ、明日も朝から登校しなければならない。ここは寝るべきだと考えて、照明のスイッチをオフにしてベッドに入った。

横になり目を閉じた途端、金縛りに遭った。

それまで金縛りに遭ったことはあったけれど、これは特殊なケースだと思った。これまで経験していたのは、まずは眠っており、起きたときに意識はあるけれど体が動かない……といういわゆる睡眠麻痺であり、それとは今回のケースは異なる。完全に起きていて、目を瞑《つむ》ってすぐにこの状態になっているのだ。興奮しているくらいだから意識だってはっきりしている。つまり、寝ていて起きたのではなく、覚醒状態の延長である。

そろそろ眠くなってきたというような寝入りばなどころではなく、目を閉じたばかりなのに、いきなり体が動かないのだ。目も開かない。さらには息も苦しい。

そんな異常な初体験に加えて、恐ろしいことが起こった。

「指を入れていい？」

という声がはっきりと耳元でしたのだ。男の声だが、知らない声だ。

そんな声を発した者がすぐそばにいる。

不審者が侵入してきている！　という身の危険を悟って恐ろしくなる。

しかも、訊かれている内容が相当に不穏である。指を入れて良いかという問いなのである。

「どこに？」とも思うし、体のどこかの穴だろうとも思えて、そうだとしたら、鼻でも耳でも口でも、いや、目もありえる。それよりも、声のトーンやニュアンスから、もっと厭な部分のことを言っているように思える。

「ダメ！」

と甘木さんは心の中で叫んだ。声は出ないので、強くそう思った。頭の中のことではあるけれど、訊いてきた相手に向けての言葉だった。

「『ダメです』……だろ！」

あの男の声だった。とても暴力的な勢いがあった。最初は丁寧だったけれど、その同じ声で、今は乱暴に吐き捨てているのだ。語気もそうだが、そんな変化からも、怒ってしまったのがわかる。

声の主の怒りを察して、甘木さんの心に、迫りくる危険への警戒感が生じ、それが膨《ふく》らんでいく。

どこかに指を入れられるだけでなく、殴られたり刺されたりするかもしれない。

そんなことをされても動けないのだから、衝撃が来るのだと心の準備をして、せめてショックだけでも和らげるくらいしかできない。

それに加えて、次に何か来るという予測がたっているのに、それが来るまでの〝間〟がある。最初の問いから次の行動がまだ起きていないのだ。いつ来るのかという不安はさらに恐怖を増大させる。

やばい、やばい、やばい。

ひどいことをされてしまう！

もうあと一押しで狂ってしまいそうなところまで、甘木さんの緊張と恐怖が張り詰めている。

体が動いた。

金縛りが解けているのだ。とてもあっさりと。

目を開けると、真っ暗な部屋に自分が一人。

その心細く、孤独で不安な感情で、その場から逃れたくなっている。

主観的な体験であり、幻覚かもしれないけれど、それにしても意味不明の出来事だった。その日は十五歳になったのだけれど、幼いときのように両親の部屋で寝たという。

二　イタイ元カノ

　ある晩、伊藤《いとう》さんはふと目覚めた。尿意を催したのではないし、なぜかそのタイミングで起きたのだ。隣を見ると、当時同棲していた彼女が眠っている。その寝顔を見ていると、急に彼女が苦しみだした。まるで、伊藤さんが見たからそうなったかのようなタイミングだった。両手両足を突っ張っている。力が入っているのがわかる。そんな体勢で彼女は唸《うな》っている。

　あきらかに魘《うな》されているのだ。

　と、不意に彼女の身体から力が抜けた。声も治まっている。

　ゆっくりと、彼女は目を開けた。

　焦点の定まっていない、ぼんやりしていた目だったけれど、伊藤さんが視界に入ると、表情がみるみる変わっていった。明らかに怒っているのだ。

怒りの表出は表情だけでなく、実際に言葉としても現れた。罵《ののし》り始めたのだ。喚《わめ》き散らしていて聞き取れない部分もあるのだけれど、その内容は〝伊藤さんに金縛りにかけられた〟という謂われの無い非難なのだ。

彼女は変な身振りをし、聞いたことがなく覚えられないような複雑な呪文らしき謎の言葉を唱えて、伊藤さんがかけていたという〝金縛りの術〟を再現するのだが、伊藤さんには全く身に覚えが無い。それどころか、同じ事をやれと言われてもできないのだ。

彼女に、君は寝ぼけているのだ、と宥《なだ》めるのだけれど、なかなか落ち着かなかった。

伊藤さんは、彼女はこんなにややこしい、〝イタい〟ヤツだったのかと、想いが冷めていくのを感じた。冷静になってくると過去の思い出がよみがえってくる。彼女の悪い部分が次々と頭に浮かんでくるのだ。

そんな冷めかけた気持ちのまま、その後も惰性のように彼女との同棲は続いた。

徐々に退色していくように心の距離が広がっていく、そんな同棲生活を続けていたある晩、伊藤さんは夢を見た。

奇妙なことに寝ている夢である。布団で眠っている自分を俯瞰《ふかん》で見ていた。そばで寝ているはずの彼女は、伊藤さんの右脇に膝を押し当てるようにして膝立ちになって見下ろしている。そんな姿勢で、あの奇妙な動きをしていた。〝金縛りの術〟と言っていたあの動作だ。口からは意味不明のつぶやきが漏れていた。これも呪文のような謎の言葉だが、ちゃんと覚えていないので、以前に彼女が金縛りの術だと言っていたあの言葉と同じものであるという確証は無い。確証は無いのだけれど、リズムや雰囲気からすると同じものだと思えた。

そしてその儀式というか術が効いているのか、寝ている自分は四肢《しし》を突っ張って唸っているのだ。

と、視野が変わった。俯瞰で自分を見ていたのが、今は主観的な視点になっており、真っ暗な中、自分を歪んだ笑顔で見下ろしている彼女が見えるのだ。

彼女は伊藤さんと目が合うと歯を見せた。

現実感がある。が、夢なのか目覚めているのかわからなかった。

彼女はあの変な動作を止《や》めていた。一方で、口からはまだ奇妙な言葉が発せられている。

右側にいる彼女は上体を屈《かが》めた。伊藤さんの左腕を掴んだのが感触でわかった。彼女は上体を戻して再びさっきの体勢に戻っていた。伊藤さんは依然として金縛りにかかっていて、なすがままに左手を持ち上げられていた。

彼女は右手に包丁を握っていた。左手は伊藤さんの左手首を掴んでいる。

ゆっくりと包丁が伊藤さんの左小指の第一関節に入っていく。暴れることができないのに、痛みだけはちゃんと感じられた。他人事のように指が切り離され、指先が下に落ちていった。

彼女は伊藤さんの左手首から手を放した。小指が欠けた左手が下がって視界から消えた。

馬鹿にしたような笑みを浮かべて彼女は淡々と去っていった。

ドアが開閉する音が響いても金縛りが解けず、明るくなるまで痛みと血が失われていく不安に耐えていた。それほど長い時間、動けなかったのだ。睡眠麻痺では説明がつかない〝金縛り〟体験だった。

彼女の行方は今も知らない。

そう厭そうに話を締めくくった伊藤さんの左手は、本当に小指の先が欠けていた。

三　自分の部屋にいる女

部屋を上から見ている。映画か何かのように、どこか距離を取ったような、映像のようなビジョンだ。

見ているのは今住んでいる、自分の部屋だ。

自分の部屋なのに、知らない女がいる。

気持ち悪い女だ。四つん這いになっている。高這いして部屋の中を移動しているのだ。人間性の感じられない、獣の行動を見ているかのようだ。

不意に、巨大な手が上から現れた。その大きな手が女を乱暴に掴む。女は激しく暴れる。が、手は女を掴んだまま持ち上がっていく。

暴れる女と、それを掴む手がいったん視界から消える。

はぶり、という音がして、また、手が現れる。手は女を掴んでいる。が、その手が開いて、女を部屋に放した。

女はさっきよりも速いペースで部屋を回り出す。動きはデタラメだ。壁に沿って回ったり、部屋を横切ったりしている。再び捕まえられるのを嫌がって、パニックになって闇雲に逃げ回っているという印象を受ける。

女の頭には変化があった。右側が頭頂部から頬骨《ほおぼね》の辺りまで囓《かじ》られたように凸凹《でこぼこ》とし欠けているのだ。さっきの「はぶり」という音は、巨大な手の持ち主が女の頭を囓ってたように思える。


そんなビジョンを上島《うえしま》さんは見るのだという。それも、自分の部屋ではない。出かけて宿泊したときにだけ見るのだ。

引っ越してからこの夢を見るようになった。それには心当たりはあった。住んでいるその部屋では、以前に女の人が自殺しているのだ。

ただ、その部屋で金縛りに遭うとか、部屋で実際に女の姿を見るのではなく、別の場所で寝たときにだけ夢を見るのだ。なぜなのかわからないが、いわゆる事故物件で遭う怪異としては非常に珍しいケースなので記した。

四　伊吹山でUFOを見た話

琵琶湖《びわこ》の北東に伊吹山《いぶきやま》という霊山がある。

日本武尊《やまとたけるのみこと》がこの山にいる大猪《おおいのしし》（に姿を変えた神）を退治に向かい、却って敗れたという古代の故事もあれば、江戸時代には琵琶湖から山頂へ神が向かう炎の列が見られたという記録もある。また、近畿には伊勢神宮《いせじんぐう》や熊野本宮大社《くまのほんぐうたいしゃ》などの霊的スポットを結ぶと巨大な五芒星が現れるという説もあるが、伊吹山はその五つの頂点の一つでもある。

滋賀《しが》県の北部に住んでおり、怪談奇談を集めていると、ときどき、伊吹山にまつわる話を耳にする。ここでは、その中でも、これは変わっているなあ、と驚嘆した話を紹介する。

遠藤《えんどう》さんという、湖北《こほく》地方にお住まいの四十代の男性の体験である。

休日の朝方、ちょっと飲み物でも買おうとコンビニに出かけた。五分ほど住宅街を歩くと目的のコンビニがある。人通りはまばらで、空は薄曇り。なんとなく、視線を遠くにやった。

伊吹山が見えた。

と、オレンジ色に輝く飛行体も目に入ってきた。それは、ジグザグに不規則に飛び、急に止まったりして、とても、飛行機とは思えない。

ＵＦＯだ！

やった！

と、遠藤さんは興奮した。子供の頃から異星人やＵＦＯが大好きで、長じた今でもとてもロマンを感じているので、実際に目にしてとても嬉しかったという。早速スマホを取り出して、写真を撮った。

シャッター音がして一度画面が暗転し、また、山をバックにオレンジ色の飛行体が画面上で動いている。ワイプで抜かれたように、左下には記録された静止画が小さく表示されている。

しかし、その小さな画面には、伊吹山とオレンジの光ではなく、顔が大写しになっていた。

なんだこれは？

頭がこの異常な事態に追いつかないけれど、とりあえず、確認することにした。撮ったその写真を選択し、画面に表示した。

老齢の女性の顔であった。すでに鬼籍に入っている祖母の顔である。そのにこやかな笑顔に見覚えがあると思ったら、仏間に飾ってある遺影だった。

ＵＦＯを撮ったはずなのに、なぜお祖母《ばあ》ちゃんの遺影が？　と、驚きもし、訳のわからなさに困っている間にＵＦＯは消えていた。

五　捕まえたヤモリ

小野《おの》さんがリビングでくつろいでいると、窓に動きを認めて、とっさにそちらへ目を向けた。

曇りガラスの向こうにヤモリの姿が白く映っている。ヤモリはたまに見かけるけれど、そのときはちょっと違和感があった。

違和感の正体はその前足だった。前足が人間の手そっくりなのだ。それ以外は通常のヤモリに見える。これは、新種だろうか。あるいは、奇形？

小野さんは、興味がわいて捕まえることにした。そっとガラス窓を開けて、手だけを外に出す。そのヤモリは手を近づけても逃げなかった。さっと手を伸ばすと簡単に捕まった。少し手足をばたつかせたが、思ったほどには暴れない。

手の中のそれに目をやると、以前捕まえたことがあるヤモリそっくりだ。尻尾といい、後ろ足といい、丸い目、大きな口、どれも至って普通である。ただ、ガラス越しに見たときに違和感を持った、あの前足だけが異様だった。五本の指は爪もあって人間のそれそっくりなのだ。

捕獲に成功したその奇妙なヤモリだが、まずはケージに入れることにした。小野さんは、ヘビが好きで飼っていた。その予備のケージがあるのだ。おあつらえ向きに恒温室もある。ヘビは好きで種を特定する自信はあるのだけれど、トカゲ類はあんまりで、こいつがなんというヤモリかはわからないが、珍しいやつだとは思った。ただ、こんなところにいてこんなに簡単に捕まるので、新種などではなく、ネット検索すればすぐに出るだろうくらいに思っていた。まずは、飼ってみて、後でゆっくりと調べようと思った。

実際にケージに入れて、棚に置いてみてから、さて、エサをどうするかと考えた。ヘビに与えていた冷凍ハツカネズミは大きすぎる。試しに、小ぶりのヘビに与えていたコオロギをやると食べた。飼えるとわかって安心した。安心すると、いつでもググれるからと、検索はなおざりになっていた。世話をしようと、そのヤモリを見たときには、検索のことを思い出すのだけれど、世話をしている間に忘れているのだ。

そんなある日、夜中に鈴の音がした。外ではない。家の中からだ。

音源を辿《たど》ると、ちょっと予感はしていたが、恒温室からで、しかも、あのヤモリを飼っているケージからだった。
透明なケージの中で、あのヤモリが立ち上がっていた。手には小さな鈴を持っていた。くりくりとした目と相まって、その姿がちょっと可愛い。思わず、何してるの？　と話しかけたくなる。
しかし、何やら憎悪のような、負のパワーを感じる。見ると、ヤモリの足下にネズミが三匹いる。え？　ネズミ？　なんでネズミ？　と思っていると、
チリーン、
と鈴の音がした。あのヤモリが手にした鈴を振ったのだが、それに合わせて、ヤモリの足下にいる三匹のネズミが、歯を剥き出し、小野さんに憎悪の目を向けた。
そのネズミは首だけしかなかった。あ、これはヘビの餌で、凍らせていたヤツだと思った。それをどうやって出したのかわからないが、それも首だけを千切ってそこに置いているのだと思った。
どうやって出して、そしてなぜ首だけ千切っているのか。胴体はどこなのか、という疑問も頭に浮かんでくる。わからないことだらけだ。

チリーン。

と、またヤモリは鈴を振った。その瞬間、またネズミたちがぎゅっと牙を剝く。

ぞっとして一気に鳥肌が立っている。反射的に、うわっ、と声を上げて後退《あとずさ》った。

そんな僅かな間に、ヤモリは消えていた。おかしなことに、ちゃんと蓋は閉まっている。どこからどうやって逃げたのかわからない。

あとには、歯を剝いたネズミの頭が三つケージに残っていた。

ヒトの手を持ったヤモリなど知られていない。そのヤモリが何なのか。簡単に捕まったように思えるが、果たしてそうなのか。また、なぜ鈴を振っていたのか。……など、わからないことばかりである。

実は、この出来事と関係あるのかはわからないけれど、この奇妙な出来事の直後に、PCに保存していた小野さんの仕事のデータがぶっ飛んでいた。ご丁寧にクラウドに保存していたデータまで消えている……というか、消されているような不可解な消失をしていた。

六　宗教歌が聞こえる

笠井《かさい》さんが夜中にマンションに帰ると、エントランスに落ち着いた曲が流れていた。なんという曲なのか特定はできなかったが、「結婚式のときに教会で歌う歌」みたいな曲だと思ったという。試しにメロディーを口ずさんでもらうと、讃美歌３１２番「いつくしみ深き」そのものだった。それを指摘すると、あくまでもこんな感じであって、いつくしみ深き」そのものではないという。未知のものを未知のまま伝えるのは難しく、少し異なるが既知のもので表現しようというのはよくわかる。

そんな、曲名はわからないのだけれど、とにかく和む曲だと笠井さんは思った。これまでマンションではＢＧＭを流してはいなかったが、今日から始めたのだろうか。公共施設で流している感じの選曲で、こういう共有スペースでこのように和む曲を流すのは良いアイディアだと思えた。

その曲はエレベーターホールでも流れている。曲に耳を傾けながらエレベーターを待った。

エレベーターに乗ってもその曲は続けて聞こえてきた。心が落ち着いてきて、ああ、帰ってきたなと気が安らいでいく。

が、エレベーターを降りて、共用廊下に出ると曲は消えていた。ここは流さんのかいと残念に思った。これは改善すべきであるので、自治会の総会で言おうと心に決めた。

その晩はゆっくりと寝て、朝、またエレベーターに乗る。勿論、曲は流れていない。が、エレベーターホールでもエントランスでも曲は流れていなかった。朝は流さんのかい、と残念に思った。これも自治会で言おうと思った。

仕事に行って、また自宅のあるマンションへと帰ってきた。

赤いサイレンが見えた。三台のパトカーが目に入る。なんと、それらは自分のマンションの前に駐まっていた。

実は、笠井さんの住むマンションで殺人事件が起きていたのだ。後で詳細を知るのだが、あの心和ませる賛美歌に似た曲が流れていたあの時間、そのマンションのある部屋では殺人と解体が行われていたのだ。

七　卒業式で流れた曲

菊川《きくかわ》さんが高校を卒業するとき、まさにその卒業式の場で、あることに違和感を抱いた。

なんとも、場にそぐわない音楽が流れているのだ。メロディーは校歌ではない。校歌なら、そのために時間をとって斉唱もする。このようにＢＧＭとして流しても悪くはないが、そうではない。かといって、「蛍の光」や「仰げば尊し」のような、それらしい曲でもない。強《し》いて言えば「六甲おろし」を思わせる、それに似たような曲である。似ているだけで、「六甲おろし」そのものではない。ちょっと音程がずれた「六甲おろし」という感じで、そんなずれのせいで暗い曲調になってしまっているというのもあって、場にそぐわないと感じたのだ。

とはいえ、立ち上がって「なんという曲を流すのだ！」と指摘するのもおかしいし、立ち上がらないまでもわざわざ教員を呼んで告げるほどでもない。何より、この曲が流れているからといってざわついたり、首を傾げるような者もおらず、気付いている者が他にいても黙っているように思えた。

実際、卒業式はつつがなく終わった。

体育館から出て、クラスメートと歓談するが、菊川さんはその奇妙な曲については話題にしなかった。三年間の思い出や、今後のことなど他にもっと話したいことはたくさんあったのだ。

そんな卒業式から五年後のことだ。高校三年のときのクラスを対象に同窓会が催された。大学時代も同窓会はあったが、仲の良い友達の間で集まっただけで、今回のようにあまり交流の無い者も集まるというのは珍しく、懐かしくもあったので、菊川さんは結構楽しみにしていた。

実際に出席した同窓会は、思っていたよりも楽しかった記憶があるという。盛り上がる中、様々な話が出たが、菊川さんは卒業式のあの曲のことをふと思い出して、話題にした。

が、みな口々に知らないという。少し離れた席にいた友人も興味を持ったのか、そばに来て「卒業式で六甲おろしを流すわけがない」とツッコミを入れる。

「六甲おろしそのものじゃなくて、六甲おろしに似た感じの曲！」

と菊川さんは反論する。

「それ……」と菊川さんの斜め向かいに座った女の子が口を開いた。「私、聞いた」

話題に加わっていた皆の目がその子に集まった。菊川さんは在学中、その子と話したことはなかった。思い返すと、クラスにいたなと思える。その日も斜め前の席だが会話した記憶が無い。悪く言うと暗い感じで、よく言うとおしとやかで〝ノリが違う〟ので、話しかけていなかったのだ。

その子は「こんな感じでしょ」と、その歌を再現し始めた。彼女が口ずさむメロディーがなんとも不気味で、また、その顔がまるで別人の狂気じみた恐ろしい顔つきになっており、それを見て青ざめている者もいたし、ヒィッと小さな悲鳴もあがっていた。

「止《や》めて止めて」と数人が制止する。

歌っていた子は、我に返ったように目を丸くして、口を閉じた。それからはシュンと花がしぼむように小さくなり、元のように暗い顔に戻った。

なぜかその歌を聴いて思い出したという者も出てきたが、結局、本当にかかっていたのか、それはなんという曲なのか、なぜそんな曲をかけていたのかなど、全くわからなかった。わからないということも含めて、不気味な曲を複数が聴いていたという奇怪な話である。

八　象が逃げました

怪談の取材をしていると、しばしば〝馬鹿にされるので話さないでいた〟という、切実な〝訴え〟といって良いほどの、ご主張を耳にする。

実際に伺うと確かに、信じがたい体験であることが多い。ご本人も心のどこかで自分の目と解釈を疑っているのだろう。もしかすると、ご本人が一番信じられないのかもしれない。

ただ、信じがたい話は内容が興味深いことがしばしばで、また、語られないだけあって、他では聞けず、珍しい、つまり、貴重なのだ。

例えば、こんな話がある。

私の友人の久米《くめ》さんの実家に同行したときに、そのお祖父《じい》さんから伺った。

お祖父さんが幼い頃で尋常小学校にあがったかどうかくらいだったという。

近所にある川原で遊ぼうと、葦《あし》をかき分けていくと、生臭いにおいと、なぜかわからないが〝危険〟だと思える気配を感じた。

足を一旦止めて、ゆっくりと進むと、こちらに背を向けた小柄なモノが岩の間に立っていた。

甲羅《こうら》があって、頭のてっぺんには毛が無い。多分、そこには皿があるのだろう。お祖父さんは河童だと思った。そう思うと、心なしか、肌が緑っぽくも思えた。

その川には河童《かっぱ》がいて、それはお祖父さんのそのまたお祖父さんも見たと言っていたので、河童の存在自体にはそんなに驚きはしなかった。

面白いというよりは少し怖かった。見つかると、襲われてしまうだろう。子供一人なので不安である。だから、音を立てずに逃げるべきだとはわかっているのだけれど、河童から目が離せなかった。

河童は手に蛇を持っていた。一メートルほどのアオダイショウで、河童がキュウリではなく蛇を持っているのがちょっと奇妙で、好奇心をそそられていた。

河童はその蛇をグルグルっと巻いた。独楽《こま》に紐を巻いたような、あるいは蚊取り線香のような形になった蛇を傍の岩に置くと上から両手でギュッと〝プレス〟した。蛇はぺったんこになった。薄い煎餅《せんべい》のようになった蛇を、河童はバリバリ、パリパリと食べだした。それが、とてもおいしそうだったという。

河童は蛇を食べるのに夢中だったのだろう、お祖父さんは無事にそこから離れることができた。

ぺったんこになった蛇をそれまでも見たことはあった。それは死んで動かなくなった蛇を皆が知らずに踏んでしまって平たく潰れたのだろうと漠然と思っていた。が、それからは、草むらなどに平べったくなった蛇が落ちていたら、河童が多めに作った残りに違いないと想像していたという。

ただ、この出来事を大人に言うと、とても馬鹿にされたので、すっかり話さなくなったのだそうだ。

これなどは民話の趣があって、面白く、貴重だと思う。同様に、そんな、本人が信じがたく、馬鹿にされるかと恐れながらも、とても不思議で、体験した確信はあるという出来事を以下に記そう。

四十数年前、久米さんがまだ小学生だった頃のことである。インターネットなどは普及していない、昭和のある冬の寒い日。

夕飯も終え、家族でテレビを観ていた。廊下で黒電話が鳴った。廊下に一番近かったのが久米さんだったので、電話に出た。

相手は知らない若い女の人で、お父さんに代わってくれと言う。廊下から父親を呼ぶと誰からかと問われた。知らないお姉さんからだと答えると父親は首を傾げながら電話を替わった。

「はい、久米ですが」と電話に出た父親は「は?」と目を丸くして首を傾げている。

久米さんはなんだか気になり、受話器を手に応対している父親から目が離せなかった。

「何?　ゾウ?」

という意味不明な言葉を口にしている。

向こうから通話は切れたようで、受話器を戻した父親は、自分を見ている久米さんと奥さんに気付いて、もう一度首を傾げた。誰からなのか、どういう要件かと奥さんに訊かれ、父親は会社の女性などでもなく、全く知らない人だと答えた。そして、内容は「象が逃げました」という知らせだったそうで、何を訊いてもそれを繰り返すばかりで切れたのだという。

いたずらかもしれないとは思ったそうだが、確認のためにベランダに出てみた。久米さんも父親に続いた。

当時住んでいたのは団地の六階で、そこから見下ろすと公園が見えた。夜の公園には外灯が点いており、大きな灰色の動物の群れが見えた。

小さな公園いっぱいに、象の成獣が十頭はいた。

「うわっ、うわっ」と後から母親の声がする。振り返ると指をさして、テンパっている母親が見えた。

さっきの電話は動物園からの通報ではないか。今夜は絶対に外に出てはいけない。そう両親の意見が一致して、皆は部屋に戻り、テレビを点けてみた。この異常事態についての報道があるのではないかと思ったのだ。

しかし、象が逃げたというニュースはどのチャンネルでもやっていない。数日経っても、事件を振り返るような番組はなかった。テレビだけではなく、新聞などでも報じられていない。

まず、翌日、久米さんも両親も、友人や同僚、近所の人々などに、昨晩、象が逃げ出して公園に象が沢山群れていたことについて話し、知っているかどうかを訊いた。が、誰も知らない。それどころか、なんという突拍子もないことを言うのかと、馬鹿にされる始末だった。第一、そんなに沢山の象を飼っている動物園が近くにあるのか。十頭以上など、かなり広いエリアを対象にしていくつかの動物園からかき集めなければならず、象が逃げた結果としてもおかしい。それに、なんの報道も無いのもおかしい。……など、言われることはもっともである。

一家で馬鹿にされて、信じて貰えないので、その出来事は家族だけでしか話題にはしなくなった。ただ、絶対にいたよな、絶対に見たよな、と話すときは熱くなるのだった。

久米さんはこの脳釘怪談のシリーズをご覧になって、本シリーズのテイストから考えて、以上の体験談を話しても馬鹿にされないだろうと思ったそうである。とても興味深い、貴重なお話を聞けたものだと、そのご判断に私は感謝している。

九　ヅラの下

平成の終わり頃のこと。毛塚《けづか》さんは、仕事帰りに友人と飲んで、ほろ酔い加減で電車に乗った。降りる駅までは小一時間かかる。スマホを弄《いじ》るのにも飽きて、真っ暗な窓の外に目をやっていると、うつらうつらしてしまっていた。

はっと気付くと、見覚えのあるホームが目に飛び込んできた。自分の降りる駅だとわかった。慌てて席を立つ。

ドアが閉まる直前に、飛び降りることができた。なんとか気合いと根性で間に合った、と胸を撫で下ろした。

ホームには誰もいなかった。遅めの時間だったが、誰もいないのは珍しい。そこまで過疎地ではないのだ。

なんとなく寂しい気持ちでホームから階段を上り、改札に向かう。

と、前方に一人の姿を認めた。男の人がゆっくりと歩いている。すぐに追いついた。背後に並んで歩くと、その男性の頭部に嫌でも目がいった。その人は明らかにそれとわかるカツラをつけていた。

(うわ、見事なヅラや)と毛塚さんは半ば感心した。

歩きながら後ろからその不自然な髪を見ていると、不意に毛が持ち上がった。ギョッとする間もなく、頭とカツラの間から茶色い蛇《へび》がのろりと出てきた。大きな茶色い蛇で、その大きさからまるで頭の中に住んでいたように見えた。

蛇はその男性の首に一周巻きつくと、こっちを見て、チロリと舌を出した。それが毛塚さんには、笑ったように見えた。口がUの字に歪んで、目もへの字に曲がって細くなっていたのだ。そういう蛇らしくない笑い顔を見てしまった、となんだか落ち着かない気持ちになっている。

思わず足を止めてしまっていた。が、男性の歩調はゆっくりで、ほとんど距離は開かず、そうしている間に、蛇は背を伝って降りて、しかもこっちにやって来る。

向かってくる蛇の意外な行動に驚いて毛塚さんは、うわっうわっと後退っていた。が、蛇は途中で向きを変えて進んでいって、見えなくなった。

一方、その蛇を出した男性は腕と足をピンと伸びきったままにして、肘や膝など無いかのように硬直した不自然な歩行をずっと続けていた。その不自然な歩き方が、なんだか機械人間を思わせて気持ち悪いことこの上ない。どこに行くんだろうと気にはなるけれど、後を追うことはできなかったという。

十　前世が見えるの

小森《こもり》さんが、ある混んでいる店の順番待ちで並んでいた。当時は、まだソーシャルディスタンスなど気にしていない頃なので並ぶこと自体もよくあったし、かなり人との距離は近かった。だから、すぐ側に知らない女性が近づいてきたが、別に緊張や警戒もしていなかった。ただ、それは変な人であり、実際は警戒すべきであったようだ。

「私、前世が見えるのよ」

と、異常な言葉で語りかけてきたのだ。こちらを見ている女の目は、左右で視線が違っている。知らない女というだけでなく、常識を外れたような内容のことを言うし、見た目も異常者っぽい。小森さんは急激に警戒態勢に入った。少し後退って浅く身構えている。そんな急な動きをしたのに、女は姿勢を変えずに言葉を続けている。

「あなたね、羆《ひぐま》よね。人を何人も食い殺している」

それだけを言うと満足そうにどこかへ行った。

周りはざわついている。

なんだあの女は、というようなひそひそ話が小森さんの背後で囁かれている。

それはそうと。

前世が羆であるかどうかわからないが、小森さんはその内容に驚いていた。

彼女が言った内容は、なんと、今朝見た夢そのままだったのだ。

小森さんは、羆と思われる大きな熊になっており、人を次々と殴ったり噛んだりして殺した。殺すだけでなく、倒れている遺体に歯を立てていた。食べていることに加えてはっきりと血の味もしていて、そのときは嬉しいという感情に満たされていた。

起きてから、とても罪悪感を覚えたものだった。それを一気に思い出した小森さんはあと少しで店内に入れたが、もう食べる気を失って列を離れた。

十一　透き通った肉まん

佐藤《さとう》さんが結婚したばかりのときの話。

買い物をしようと歩いていると、若いお母さん、という感じの女性が前を歩いていた。彼女が肘にかけたバッグから、丸いものが落ちた。地面についたときに、ぽよんと弾んだ。えらく弾力のある、まるっこいものだ。しかし、転がりもせずにぺたんと、地面に半球状に落ち着いた。

それはどこか無色透明の肉まんを思わせた。肉まんも、あんまんもピザまんも外側のフォルムは一緒だから、肉まんに拘《こだわ》る必要はなく、中華饅頭《まんじゅう》という感じなのだけれど、なぜだか佐藤さんには肉まんだと思えたそうだ。どうしてだろうか、あんまんやピザまんであるとは思わなかったのだ。

そんなものが落ちて、あっ、と思ったときにはその女性も気付いて、その透明な肉まんのようなものを屈んで拾い、バッグにしまった。膝を伸ばしながら、その女性はこっちに顔を向けてウィンクした。

「これ、あなたの赤ちゃんだから」

その女性は佐藤さんに向かってそう言った。意外な言葉に佐藤さんは、えっ、とだけ口にして呆然としていた。確かに赤ちゃんは欲しいけど……と常々思っていたのでなんとなく嬉しくもあった。

その女性は背を向けて、さっさと歩いている。佐藤さんは我に返って、どういうことかと訊こうと追うが、全然追いつけない。向こうは歩いているのに、こっちが走っても追いつけない。それどころか、どんどん距離が離れていく。まるで夢の中にいるような感覚だった。結局、その女性は見失ってしまった。

ちゃんとそのあと、買い物に行っているので夢の出来事ではない。なんとも変な体験だなと思っていた。

それから一ヶ月くらい経って、佐藤さんは、「あれ、生理来《き》ぃひんやん」と思った。これはもしや、と思って妊娠検査薬を使って調べると、案の定、陽性で、夫と病院行ってちゃんと調べてもらい妊娠しているとわかった。

医師から胎芽《たいが》を捉えた超音波写真を見せられて、おめでたですと言われて実感がじわじわと湧いてくる。

「おなかに赤ちゃんできてるやん。やった」と思いもするが、あの体験を思い出す。

不思議な女の人が、透明の肉まんみたいなのを手にして「これ、あなたの赤ちゃんだから」と言って〝持って行った〟から、この赤ちゃんを連れて行かれるのではないかと不安になった。さらに、あの肉まんが水のような感じだったので、水子になるのではないか、子供が流れるのではないか、と凄く不安になったのだ。

それで出産までかなり慎重に暮らしていた。

そんな不安などなかったかのように赤ちゃんは無事に生まれてきた。少し難産だったそうだけれど、とても元気な女の子が生まれた。

しかも、その子はとても綺麗な子だった。佐藤さんは謙遜して自分も夫も綺麗な方ではないと仰り、「そんな両親なのに、その子はどちらにも似ずにとても美形なのだ」という。実際に写真を見せてもらったが、確かにとても整った容姿である。

そして、なにより透明感があるとよく言われるそうだ。あの透明な肉まんって、まさしくこの子だ、と妙に納得できるのだそうだ。

十二　アリさんのおうちに行った話

塩田《しおた》さん自身は全く覚えておらず、両親から教えられた出来事だという。覚えていないくらいだから、まだ物心も付いていない。そんな小さな頃、急に姿が見えなくなったという。

失踪に両親が気付くまでは、塩田さんは家にいたという。それは確かだ。だから、まずは両親は家の中を探したそうだ。遊んでいるつもりで隠れているのか。と、どの部屋にも入って、そこの押し入れやちょっとした扉を開けたりと、かなり探したけれど塩田さんは見つからなかった。

では、出て行ったのだろうかと一気に不安になった。玄関に出てみると、お気に入りの、あるキャラクターの絵が描かれた靴がなくなっている。靴を履いて出て行っている！　と両親は慌てた。

子供の足でそう遠くには行けないはず……と、両親は警察にも連絡し、明るいうちの半日を探したが見つからない。

ところが。

夜中零時過ぎに玄関で、塩田さんが裸足《はだし》で立って泣いているのが見つかった。

不思議なことに、鍵は内側からかかっている。入ってきてかけたのかもしれないが、あとで訊いても塩田さんは鍵のかけ方を知らないようだった。

両親を目にして、少し安心した様子の塩田さんにどこに行っていたのか尋ねてみた。するとと「アリさんのおうち」とだけ言う。意味がわからない。

アリさんを思わせるような人物に誘拐されていたのだろうかとも思うが、身代金の要求も無く帰ってきている。強いて言えば、裸足だったので靴をとられているが、靴が欲しいのなら、こんな誘拐までできるのだから、靴だけを持って行けば良い。なんだったのだろうということになった。

警察を含む大人達としては、どこかに迷い出て、靴をなくして困っているところに、アリを想像させる容姿あるいは態度をした親切な人に送ってもらい、その人は誘拐犯に思われるのが厭で、玄関に送り届けた時点で黙って帰ったのだろう。鍵については塩田さんが自分で閉めたのだろうということになった。

そこから話は大きく飛ぶ。

塩田さんは高校生になっていた。そのとき、庭に池を作ることになった。想定しているのは、立派な池であり、工事はちょっと大がかりであった。

そんなわけで庭を掘り返していると、アリがいっぱい出てきた。それはもう、幼児とはいえない塩田さんも見ていた。

湧くようなアリの群れがちょっと気味悪い。とはいえ、それは何も無から生じるようなものではなく、そこに大きなアリの巣があったのだ。

ただ、その多くのアリにまみれて、あの、失くしたキャラクターの靴が出てきた。

幼い塩田さんが行ったのだと言っていた〝アリさんのおうち〟というのは庭のアリの巣なのか。と、小さな靴を見て家族共々ギョッとしたという。

十三　鳥さん、怖い

須田《すだ》さんから聞いた話。

休みの日の午前中に、リビングでくつろいでいると、目の端に動きがあった。そちらはベランダである。

見ると、頭だけが黒で後は脚までもが真っ白な気持ち悪い鳥が手すりを越えてベランダの中に入ってきている。

須田さんは鳥には詳しくないが、ずっと後で気になって調べたことがある。似ている鳥だと思ったのが、セキレイだった。ただ、かなり近いけれど、印象が全然違った。セキレイの顔は白だし、胸まで黒い。記憶の鳥は頭だけが真っ黒で、なんだか黒い頭巾を被った怪人を思わせる風貌だったのだ。あとは真っ白で、それだけに頭部だけが黒いことが不気味だったのだ。そういった目で鳥の図鑑を見ると、セキレイは脚が黒くて、あのときに見たような白い脚の鳥は珍しい。

そうやって調べてみても珍しいけれど、リアルタイムで目の前で見ていた姿も〝変だ〟という印象だった。

何、この鳥。こんなん、知らんで。というか、生理的にキモいねんけど。

須田さんは追い払おうと、勢いよく戸を開けた。が、逃げるどころか、動じもしない。逆に、人間みたいな目で須田さんをじっと睨み返してくる。

風貌に加えて行動までが気持ち悪く、また、なんだか恐ろしくて、ベランダに出て行くのをためらっていると、二歳になったばかりの娘さんがすっと近づいて、手を伸ばすとあっさりと素手で捕獲した。

鳥はほんの僅かだけビクリと身を竦《すく》めたが暴れもしなかった。というよりも、そんな隙すら与えずに、娘さんはパタパタと紙を折るようにその鳥を折りたたんだ。普段のたどたどしい動きとは大違いのキビキビとした動作だ。さらには、折りたたんだ鳥を丸めると、そんな幼い女の子とは思えない〝上投げ〟でベランダの外に放り投げた。丸められた鳥は、綺麗な弧を描いて遠くに飛んでいく。

脇を流れる川に落ちたようで、水音がした。マンションの四階から傍の川に落ちたと判断するのが良いような音の大きさとタイミングだった。

呆気に取られた須田さんが目を戻すと、娘さんはベランダの床に両手をついて大泣きしている。

怖い怖い。と、泣き声を上げる合間に繰り返している。

あの鳥を捕まえたことについて訊いても、

「チッチ、怖い」

と言う。当時、二語文を操れたそうだが、それでも鳥のことはチッチと呼んでいた。

「鳥さんが怖いの？」と訊くと娘さんは頷いて、

「そう。鳥さん、怖い」

と須田さんの言葉を繰り返した。しかし、その〝鳥〟という言葉がよほど恐ろしかったのだろう、収まりかけていたのにまた泣き始めた。

もう泣く合間に出る言葉は「鳥さん、怖い」ばかりだった。

奥さんも驚いて、家事の手を止めて、やってくるけれど、娘さんはめちゃくちゃ怖がって泣き止まない。

「あんた何したんや」と怖い顔で訊かれて、さっきの出来事を話すが、「何を言っているのだ」と怒られる。ただ、娘の「鳥さん、怖い」と符合するので、嘴《くちばし》で突かれて怪我でもしているのではないかと見てみるけれど、傷はなどは無い。そうではあるけれど、何か奇妙なことがあったのだとは思ってくれた。

しばらく泣くと娘さんは落ち着いてきた。

それで改めて、何があったのかは訊いてみたのだけれど、それでもわからない。それどころか「鳥さん、怖い」と言って、また顔を歪める。泣き出したらえらいことになるので、それ以上は訊かなかった。

その後、気を取り直して、みんなでお出かけしよう、公園でも行って遊んで、買い物して帰ろうと、外に出かけた。

もう夕方になろうとしていた。

三人で家を出て、機嫌良く歩く。住んでいるマンションの傍に流れる川の近くにやってきた。

ああ、この子があの鳥を投げ捨てた川やん。と須田さんは娘さんから川面に目をやると、魚がいっぱい腹を見せて死んでいた。

十四　知らないものが冷蔵庫に

一人暮らしの瀬名《せな》さんは食事の殆どが外食で、冷蔵庫は休日に箱買いしたビールやチューハイなどのストッカーと化していた。

その日も夕食は外で食べ、帰宅後は着替えるともう晩酌のモードになっていた。さてビールでも飲もうと、ダイニングに向かい、冷蔵庫を開ける。たいした脳内リソースを使わないルーチン化した作業だっただけに、目にした光景の異常さに頭が追いつかなかった。

庫内が、白いふさふさした毛で埋まっているのだ。ビールもチューハイも、たまにしか使わないマーガリンも、入れていたものは全く見当たらず、そんな白い毛を生やしたものばかりが詰まっている。

「え？」と一つに手を触れると、ひんやりした毛の感触がある。幻でもホログラムでもなく、冷蔵庫に入った毛の生えたものという見たままの手触りであり、予想通りなのだけれど、ギョッとした。

ケモノの死体だ。

そう大雑把《おおざっぱ》に把握したあと、すぐに動物種を特定した。ウサギの死体だと思ったのだ。他の白いものもウサギの死体だと思うと、意味のわからなさに加えて、本能的に死穢《しえ》を覚えて恐ろしくなってくる。客観的に見ても冷蔵庫にウサギの死体がぎゅうぎゅう詰めになっているのだから気味が悪い。

そんな気持ち悪さを振り払いたいのもあるのだろう、これは死体ではなくて、ぬいぐるみかもしれないと考えた。そうであっても、自分が入れた覚えのないものだから、依然として不可解ではあるのだけれど、死体よりはマシだという心理があったようだ。その考えを確認しようと、一番上にある白い毛を生やしたものを掴んだ。

毛の下の皮が手の中に握られた。ネコ等をつまみ上げたときを思わせる。肉ごとではなく、肉から簡単に皮だけが離れてつまんだような形だ。

そうやって皮を握って引きずり出すと、意外に重かった。握力が保たずに、つい手を離してしまった。

あ、落ちる。と思った。実際に、白い毛に覆われた肉塊《にっかい》が落ちていく。それがスローモーションで見えるのだ。頭部と胴体の密度が異なるからだろうか、丸まっていた体が、足の方から先に落ちていて、頭が残るような感じで、体が開いていく。それに伴って顔がこちらを向くような形になっている。それで、落ちていく途中に、目を瞑《つむ》ったウサギの顔がはっきりとわかった。

ウサギの死体が床に届いた。べたん、とか、ぼしゃっという重い音がすると思っていたのに、パリンと軽い音がして、陶器のように割れた。

その途端、部屋の電気が落ちた。目の前の冷蔵庫の明かりも消えて、真っ暗になった。急に闇に落ちた怖さもあるし、最後に見た一瞬の光景が自分の常識を崩壊させるような異常さだったので、怯えの気持ちが湧いている。

この暗闇から逃れたいという動揺が邪魔をしつつも、状況をなんとか把握しようと頭を働かせる。

ブレーカーが落ちているのだと思い至った。それで、暗い中を手探りでトイレに向かった。そこにブレーカーがあるのだが、案の定、落ちていた。早速、ブレーカーをあげると、明かりが点いて、暗闇から解放された。

それは良いのだけれど、あのウサギの破片を片付けなければならないと思うと、気が重い。嫌々ながらダイニングに戻ると、床にはそんな破片など無かった。

冷蔵庫にも死体など無い。というか、なぜか冷蔵庫は全くの空だった。ビールやマーガリンもなくなっていたのだ。

まるで幻のようだった。が、睡眠不足でもなければ、薬物もやっていない。酒だって飲む直前であり酔ってなどいない。だから、さっきの出来事は幻ではなく、実感がある。それに、実際に冷蔵庫の中にあったものが無くなっているのだ。けれど、あの出来事が何を意味しているのか、なぜ、そんなことが唐突に起きたのか、不思議でならなかった。

それで、その日は何か特別なのだろうか、と色々考えてみた。

……強いて言うなら、その日、実家が持っていた山を売っていた。なんとなく関係があるような、全然無関係のような、なんともいえない話である。

十五　こぶん

こんにちは。

第五脳釘怪談、面白かったです。

あの中の「こぶん」というお話でネズミが呟いている言葉ですが、子分かもしれないと書かれてはいますが、コヴンではないでしょうか。

コヴンというのは魔女の集団です。その「こぶん《コヴン》」と呟いたネズミは魔女の使い魔なんじゃないですかね。使い魔は子分ではありますけど、そんな日本語ではなく。あの老婆たちも魔女を思わせますし。13というのもいかにも魔女の数字ですよね。

脳釘怪談もツイートも楽しみにしております。では。


……という、TwitterのDM《ダイレクトメール》（絵文字もちりばめられていたけれど、省略）

が反町《そりまち》さんからあった。

二〇二〇年に上梓した『第五脳釘怪談』には、そのDMにあるような「こぶん」という怪談は載っていない。その前に上梓した脳釘怪談シリーズにも、である。だから、読んだというのは勘違いされているのだろうと思うが、奇妙なことに「こぶん」とタイトルを付けてもおかしくない怪異体験談は取材で得ている。それで、反町さんには取材も兼ねてZOOMを使って、そのことについて訊いてみた。

反町さんが仰っている「こぶん」という話は、私の取材した体験談のうちでこれだろうと想像している話と同じものだった。それはそうだろうと思う。ネズミが「こぶん」と呟くような体験が他にあろうとは考えにくいし、実際に聞いた憶えがあるのも、後の取材で得たその一話だけだ。

「あれ？　載っていませんでしたっけ。なんでわかったんだろう」

と、不思議そうな、ちょっと困ったような表情で反町さんは首を傾げていた。

ただ、「こぶん」の体験者である滝田《たきた》さんは反町さんの知人だった。おそらく、滝田さんが反町さんに、その体験を朱雀門に話したと言ったのだろう。それで、もう載っているものと勘違いしたのではないかと思える。実際、滝田さんの別の体験談は『第五脳釘怪談』に収録させて頂いているのだ。それを読んで反町さんはこぶんの話だと勘違いしているのだろう。

といった顛末を反町さんに伝えると、「ああ、そうかもしれませんね」とは答えたが、表情からすると納得はいっていないようだった。

その気持ちはよくわかる。反町さんが思っている「こぶん」という話について、DMに書かれていた内容は、まるで私が取材した話を書き起こした原稿を読んだかのようなのだ。本文中に〝子分〟という文字を実際に書いていることも含めて、複数の老婆が出てきたり、十三という数についても言及しているところなど、細かな部分は原稿を読んでいないとわからないように思える。しかし、私はプリントアウトはしないので、読むとなるとPCを覗いたことになるが、反町さんに見せた覚えも無いし、勝手にPCを開けられるような間柄でもない。そもそも私のPCに触れるようなところに反町さんは来てはいない。この点は奇妙ではある。

ちなみに、その話は以下のようなものだ。

ある日、滝田さんが最終列車で帰宅した。駅から家まで徒歩で十五分ほどである。駅の近くにはまだ人はいたけれど、少し離れるともう滝田さん一人になっていた。

かなり近道になる路地があった。そこは家と家との隙間であり、本来は通路ではないのかもしれない。ただ、こんな時間では住人は寝ているだろうから気付かれずに通り抜けられると思った。

舗装されておらず、剥き出しの地面に雨だれで浅い溝ができていた。所々、先を結わえたゴミ袋がいくつか放置されていたけれど、避けて歩くのは容易だ。

その路地は左右にそれぞれ六軒の住宅が並んでいた。入ってから三軒目の右側の家には窓があった。その窓だけが明るかった。他はどの家も路地に面しての窓は無いか、あっても暗かった。滝田さんは、なんとはなしにその明かりが点いた窓に近づき、中に目を向けた。

タイル張りの床に人間が無造作に数人転がっていた。

え？　と思って光景に見入る。
三、四十人くらいは入れるほどの広いスペースがある。壁もタイル張りで、白というか薄い青なのだろうけれど、赤い血しぶきが走っている。手術でもしそうな部屋だけれど、手術台などはなく、ただ、人が横たわっていた。全裸の者や、ズボンだけを穿いた者もいる。多くの人は、血を流しているのか他人の血が付いているのか、赤く濡れている部分があった。

見ているものが信じられなかった。窓から目を背け、早足で出口に向かった。気配を感じて振り返ると、窓の明かりがスッと消えた。

恐ろしくて駆けだしていた。途中、バランスを崩してたたらを踏みながらも、なんとか転びもせずに路地を抜けた。

月明かりに照らされた〝この世〟に帰ってきたような安心感はあったが、足を緩めることなく、疲れるまで駆けていた。普段の運動不足からすぐにバテて歩きだしたが、気は急《せ》いていた。

追っ手などはかかっておらず、無事に家に辿り着いたけれど、あそこで見たモノをどう解釈するか悩んだ。大がかりな犯罪が行われていたようにも思える。けれど、そんな解釈は現実離れしている。アルコールが入っていたわけではなく、正気なのだけれど、信じられない。もしかすると、何かの撮影だとか、ちゃんとした医療が行われていた現場だとか、あるいは、人などはおらず何かの映像かもしれない。そういうのに違いないのだ、と自分に言い聞かせて滝田さんは通報はしなかった。

ただ、その晩、滝田さんはあの部屋の夢を見た。気にしていたからだろうとは思うのだけれど、厭な夢だった。あの部屋に十人くらいの老婆が入ってきて、転がっている遺体を弄くり回すのだ。

目覚めたときはかなり気持ちが沈んだ。けれど、気にしていたからいけないのだと自分を鼓舞して、普段通りに振る舞った。そんな夢を見たのはその日だけだった。だから、やはり気にしていたせいであんな悪夢を見たのだと思えた。

次の休日、明るいうちにあの路地に行ってみた。件の家は空き家だった。住人がいないのなら外から眺めているだけであれば咎められないだろう。だからといって、それ以上、調べるのはやめた。また、大量殺人や死体遺棄についての話を聞かないので、やはり、何かの見間違いだと思っていた。

しかし。

その翌朝、滝田さんは外出しようと、ドアを開けると、異様さに身を竦めた。外に出てすぐ、足下に赤みがかった細長いものが沢山うねっていた。ミミズだと思った。が、それは切り取られたネズミの尻尾だった。切り取られて時間が経っていないのか、それらは蠢《うごめ》いている。

そのままにしておけないので、嫌々、火ばさみでつまんでゴミ袋に回収した。そのときに、とくに意識していたわけではないけれど、機械的に尻尾を数えていた。それは、十三本あった。

不吉な数字だと思ったが、それ以上に、その後に気付くのだけれど、その十三という数字には意味があるようだった。

それ以後、ネズミの尻尾が落ちていることはなかったが、それらが落ちていた場所に〝13〟とアラビア数字が赤いチョークのようなもので書かれていることがあった。また、人の形に切り抜かれた布が赤い紐で束ねられて落ちていたこともある。触るのは厭だったけれど、これも火ばさみでつまんで棒きれで剥がすように数えると十三枚あった。それぞれに違う顔が描かれており、いくつかには角のような突起も付いていた。

呪物が置かれているようで厭な気分にはなるけれど、簡単に捨てられるし、害というほどの害ではないと滝田さんは思っていた。それで気にはしないようにしていた。

が、ある晩のこと。寝ていると胸騒ぎがしたと言おうか、気配を感じたと言おうか、そんな感覚で目が覚めた。

予感のようなものがあったのか、気配を感じたのか、右を向いたのだという。

そこにネコほどもあるネズミがいた。そいつは人間のような笑みを浮かべて、

「こぶん」

と呟いて、臭くて真っ黒な水を吐いて消えた。その畳は真っ黒になって、布団まで汚れた。

滝田さんは、あの晩に見てしまった部屋の持ち主が、子分を使って嫌がらせしているように思えた。ただ、どうしていいのかわからなかった。

今更ながらではあるし、見間違いかもしれないけれど、勇気を出して、まずはあの部屋で血塗《ちまみ》れの遺体を見たと通報した。見間違いかもしれないと思うという点を正直に説明もし、それ故に、通報が遅れたのだとも言った。

長時間、事情を訊かれたけれど、それでなんだかホッとしたという。

結局、あの家は、やはり空き家であったが、血塗れの遺体を多数置いていたという証拠は得られなかったという。ただ、カーテンで閉じられている窓の向こうには、目撃した通りに広いタイル張りの部屋が実際に存在したようで、実際に中を目にしていることから、単なる幻覚とも言えないそうだ。捜査は続いているのかもしれないけれど、そこはもう滝田さんにはわからないという。

他人に喋ったことで、さらなる報復があるのではないか、と滝田さんは心配していたが、意外にもそれと思えるようなことは起きていないそうだ。事態が収拾したとするならば、何が良かったのかわからない。だから、今後、大きな不幸があるかもしれないという不安は持っているという。

十六　夜遭肥双

前話の「こぶん」でＤＭをくださった反町さんの話。

同じ県内に住む親戚から電話があった。反町さんの家に預けたままになっているものが明日入り用になったので届けて欲しいとのことだった。あいにく、反町さんもお父さんも酒を飲んでおり、車には乗れない。実は、相手の方も同様で、車に乗れないので届けて貰えないかと訊いてきたのだった。

お父さんは飲酒運転覚悟で届けようかと言い出したので、反町さんが歩いて届けることにした。反町さんの足で徒歩だと四十分くらいの距離だった。それくらいならと、覚悟を決めたのだった。

途中の住宅地で、ある家と家の間が少し他よりも離れているところがあった。そこに、大きな男が二人立っていた。両人とも身長は一八〇センチメートルは超えている。横幅も大きく、かなりの肥満漢だ。四十歳くらいで、二人とも、双子かと思うほどそっくりだった。そんな男たちが、気をつけしている。後には竹藪がありどこか不気味だった。

うわ、何あれ。と反町さんは怪訝に思った。

「オーパーツは売ってないよ」と両方が同時に声をかけてきた。甲高《かんだか》い声が薄気味悪いし、生理的に恐れを抱かせる。

意味がわからず、「はあ？」と首を傾げていると「ないよ」と一人が早口で言った。

（もしかして、今、オーパーツって言った？）と口には出さなかったが、反町さんは心で思うと、二人の男が声を揃えて「言った」という。さらには「オーパーツって言った」と復唱するのだ。

思ったことを読まれている？　そんな状況が恐ろしく、反町さんは足を速めた。

振り返ると男たちはあの場所で直立不動のままだった。

もしも追ってきたらと思うと恐ろしいので、そこから駆けだした。疲れて走るのは途中で止めたが、それでも歩く足は速かった。

到着した親戚の家では労《ねぎら》われながら、さっきの話をした。が、そんな奇妙な男たちがいることなど初めて聞いたようだった。そんな特徴のある者があのあたりに住んでいる

という ような記憶は無い。では、わざわざ遠くから来て、あんな時間にあんなところに立っているのだろうか。とにかく、夜にあそこには行かないようにしようという話になった。

そんな者がいるのであれば、今日は夜道を引き返さず、泊まればよいということになった。翌日は車で送ってやろうと言われた。

翌朝、とくに急ぐ用事は無いので反町さんは親戚の申し出は断って、ウォーキングがてら歩いて帰ることにした。

昨夜見たあの二人の男が立っていた場所にさしかかった。

そこには使われなくなって放置された二台の自動販売機があった。高さといい、横幅といい、あの二人を思わせた。まるでこの自販機があの二人に化けたのかと思った。

気になって、近づいてその自販機を眺めた。裏側にあの男たちの絵でも描かれているのではないかと思って後に回った。が、そんな絵は無い。

と、いつの間にか、自販機の傍に子供が五人いて、

「これ、オバケ自販機やで」

「お父さんが触ったらアカンて言うてたで」

などと囃《はや》すように語りかけてくる。
五人とも同じ顔でギョッとした。あの太った男達にどこか似ている。
呆然としていると、子供たちは笑い声を上げて散り散りに逃げていった。

十七　ゴミ箱の死体

千阪《ちさか》さんが晩ご飯の後片付けを終え、ゴミを捨てようと勝手口から外へ出た。大きなポリバケツの蓋を開けると、こちらを向いた血だらけの男の子の顔があった。濁った目はどこにも焦点が合っていないようだ。もう、死体だと直感した。そんな死体を誰かが無理やりここに詰め込んでいる。そんな感じだ。

千阪さんは手にしたゴミ袋をその場に落としていた。バサリという音が妙に怖くて、台所へと駆け戻った。

くつろいでいる旦那さんを呼んで、二人で外に出て、それを見せた。

うわっ、うわっ、うわっ、うわっ、

と旦那さんは、滑稽なほどに驚いている。パニックになっているのだ。

この子は誰なのか。なぜ、うちのゴミ箱にこんなものが入っているのか。自分は犯罪者になるのだろうか。

　様々な疑問が頭に去来するが、これは警察を呼ぼうということになった。スマホを取りに家に入る。旦那さんも怖いので付いてくる。

　スマホを手にするとなんだか落ち着いてきたという。あり得ない出来事で、身に覚えも無い。はっきりと見ているのだけれど、本当なのかという思いが胸に広がる。

　その場で連絡せずに、またゴミ箱まで戻った。そんなものを二度と見たくないので、安全な家の中から連絡すれば良かったとも後では思えたけれど、そのときは、まだ出来事が信じられない気持ちもあって、その存在を確かめながら連絡しようと外に出たのだった。

　ゴミ箱からは死体は消えていた。

　二人で呆気にとられて、立ちすくんでいた。

　死体は無い。血も残っていない。

　幻を見たのだろうか。はっきりと二人で見ていたのに。何か強大で神秘的な力を持ったものが死体を移動させたのだろうか。よくわからないけれど、二人で、幻覚を見ていたんだろうかと首を傾げ、結局、幻覚だと思うしかなかった。

それから、数ヶ月経った頃。そんな出来事は二人ともすっかり忘れていた。

その日は二人で大阪の此花区《このはな》にあるテーマパークに遊びに行った。

大盛況であり、どのアトラクションにも列ができていた。そんな、あるアトラクションの列で、千阪さんはハッとした。

あの晩、ポリバケツの中に捨てられていた男の子の死体を思い出したのだ。あの男の子そっくりの少年が列の前の方にいて、横顔を見せていたのである。

「あの子、あの子」と千阪さんは少年を指さした。旦那さんはそれを見て「うわ、うわ」と情けない声を上げた。

そんな声や自分に向けられた指を目にしたのだろう、少年は千阪さんたちに気付いて、顔を向けた。今は血には濡れていないけれど、記憶にある、あのゴミ箱の死体そのものである。

そんな少年と、目が合った。

と、男の子は指を立てて「シーッ」と言った。

二人が唖然としていると、少年はなぜか、順番を抜かして、奥へと進んでいった。それでその子を見失った。

十八　白い鱗

釣り好きの津村《つむら》さんはマイボートを持っていて、よくそれで沖に出てフィッシングを楽しんでいた。

その日は友人と二人で日の出前から沖に向かった。

友人が溺死体を見つけた。

「あ、あれ、土左衛門《どざえもん》ちゃうか?」

見ると、後頭部と背中が水面に見える。うつ伏せの溺死体だと津村さんも思った。

引き上げなければと、そちらに船首を向ける。

いや、待てよ。あの死体を持ち帰ったら、何日も前からこの休日を楽しみにしていて、前日にもしっかりと準備して、朝早くに起床してここまで来たことが水の泡となる。

遺体に近づく間に、津村さんにはそんな考えが浮かんできた。それを友人にも語った。

いけないことだけれど、見なかったことにしよう。

二人の意見が一致した。

それで、ボートの向きを変えて、その遺体から遠ざかった。

が、遺体が付いてきている。距離が広がるどころか、逆に縮んでいる。

津村さんは、ボートが動いたことによって水流が生まれ、あの溺死体はその流れに乗ってこちらに移動しているのだと思った。

友人は異なる意見を口にした。海でエビス（水死体）を見つけるのは、そのエビスが見つけて欲しいからだ。見つけてもらったからには陸へと連れて行って欲しいと思っているに違いない。それで付いてきているのだ。そう力説した。

津村さんは手放しで賛成はしなかったが、遺族にすると、遺体は見つかって欲しいはずだと思った。死んでいても良いから会いたいと思うだろう。また、このままだと行方不明という扱いであるが、持ち帰った遺体により死亡が確定する。宙づりの気持ちにもピリオドを打てるだろう。また、遺体のある葬儀を行えるので、ちゃんと故人を弔うこともできる。

考え直した津村さんはまた船首をその溺死体へと向けた。

近づいてみると、遺体に違和感を覚えた。

白い帽子と服を着ていて、その柄が編み目のようだと思っていたが、そうではなくて、頭部も肩もびっしりと鱗《うろこ》が生えているように見えるのだ。

うわっ、と友人が声を上げている。友人もその鱗に気付いたのだろう。その友人があげた声自体も怖くて、津村さんもウワッと声を上げた。

二人で、うわあ、ウワァと言っている間にも距離は縮まり、今やはっきりと鱗だと視認できる。そんな〝半魚人〟のような水死体を前に、どう手を出そうかと躊躇していた。

と、突然、水中から三本の手が突き出てきた。

それらが右手なのか左手なのかもう覚えていない。が、それが手であるとわかったのだ。肘までは見えないが、三本の前腕が水中から伸びている。

その手はこちらに向けていた掌《てのひら》を下に向けて、溺死体を上から押し込むようにして海中へ沈めた。

水中の手の主の姿は見えなかった。

溺死体も手も二度とは浮き上がらなかった。

海底に棲む半魚人のような謎の生物が、仲間の死骸を回収した。そんな光景だと津村さんは思った。

半分魚のヒューマノイドという考えが面白くて、「その手には、水かきとかあったのでは？」と訊いてみた。

「そんなの覚えてないです」と津村さんは苦笑いした。

十九　美女の怪

美しいものは良い。

というか、色彩も含めて、ある形態をしたものを「美しい」と感じて、それを「良いもの」であると評価し選択するような性質を持った者が、現在の人類として生き残ってきたのだろう。そのような淘汰にどのような優位性があったのか、私にはわからないけれど、実際に美しいと判断したものを好む性質がヒトにはあるのだから、そんな歴史が人類にはあるに違いない。

ある性質が選択されるには、繁殖の相手としての選択が重要だ。というか、それが淘汰につながるだろう。

だから、美しいものの中でも、繁殖を加味した性別という属性も含まれている、美女というものは男性である私にとっては良いものだ。

私は美女が好きである。美女は好きであるから見とれるし、ずっと見ていられもするけれど、でも、なんだか、怖くもあるものだ。前述の理屈とは矛盾もしている気もする。だから、共感して貰えなくても良いが、とにかく、そんな恐ろしい存在でもあるのだ。今言ったのは私だけに限らず〝一般的〟に見ても、美女というものはそもそも怖いものではないだろうか。

美女は潜在的に恐ろしいものである。ただ、その中でも、明らかに恐ろしい美女というのはある。逆に、恐ろしいもの、つまり怪異があからさまに醜悪な化け物ではなく、美女であれば、その恐怖は増幅するようにも思えるのだ。

そういった美女の怪異をいくつかご紹介しよう。

1　海の秘密

「バカにしないですか？　だって、誰にも信じて貰えないので……」と手塚《てづか》さんが語ってくれた話である。馬鹿にするどころか、怪談として興味深いので、以下にご紹介する次第である。

子供の頃から泳ぎが得意な手塚さんは中学生のとき、ある海水浴場のブイの向こうまで泳いでいったことがある。そこは遊泳禁止なのだけれど、めったなことで溺れはしないという自信があったので、何を禁止することがあろうかと思っていたのだ。

そんな禁止区域まで出て、ふと、今いるこの沖合はどれくらい深いのだろうかと思った。

海は濁っていた。今日だけではなく、その辺りはブイよりも岸側ですら、もともと透明度が低い。見下ろしても底などは見えない。

潜水にも自信があった手塚さんは素潜りで底を目指した。

と、視界に赤い巨大なモノが入ってきて、ギョッとした。自分を飲み込めるくらいに巨大な海洋生物を想像して手塚さんは身を竦めた。が、こちらに向かってくるようには感じなかったので、そのまま浮上はせずに、確認しようとゆっくりと近づいた。

それは動いていなかった。生物というよりは建築物だとわかった。

鳥居だった。

うわっ、鳥居？　と、予想外のものを目にして鼓動が速まっている。

もう息が続かないので浮上を始めていたが、目はその奇妙な物体に向けられ続けている。

鳥居の向こうに、ぼこんと盛り上がったところがあって、その土をぽろっと押しのけて、女の人が顔を出すのがわかった。

そこからは顔を上に向けて浮上したので、下になんとか向けた視線でほんの僅かしか見てはいないけれど、土から出てきたその女性には、〝目を瞑った綺麗な顔立ちのお姉さん〟という印象を持っている。

水面に出た手塚さんは、そのお姉さんが追いかけてくるのではないか、と怖くて、岸まで必死で泳いで逃げた。

この体験を他人に話すと、ブイの向こうとはいえ、あの海にそんな鳥居なんかあるわけがないと信じて貰えないのだという。実際に何人かがブイの向こうで潜ってみたが見つからない。

信じて欲しい気持ちがあり、自分で確かめたくもあるのだけれど、あの体験のせいで視界が悪い深い海が怖くて、手塚さんはもうあそこには泳いでは行けなくなった。

2　辻の秘密

遠山《とおやま》さんが信号待ちをしていると、交差点の真ん中に人間の姿を認めた。女性である。二十代後半くらいで、遠山さん好みの、手足が長くスタイルが良い女である。顔は整ってはいるけれど、冷たさは感じず、むしろ話しかけたくなるような親しみを感じる。それは、こちらに笑顔を向けているからだろうか。

その女性と目が合った。白い歯を目にして、遠山さんの表情も緩んだ。

こっち、こっち、と手招きをしていた。

突然、ブレーキ音が響いた。

突然の大きな音に遠山さんは反射的に目を瞑った。

交差点の女は消えていた。が、車の前に男が倒れて血を流していた。彼は遠山さんの背後から飛び出したのだ。

なぜか、そのときは、倒れている男性に負けた、と思ったそうだ。交差点のあの美女に選ばれたのは、こいつだ。そう残念に思ってしまっていたという。

3　瞳の秘密

内藤《ないとう》さんが繁華街で、ケバいけれど、とても顔立ちの綺麗なお姉さんから声をかけられたことがあった。

あまりにも綺麗な顔に見とれていると、その人の瞳の中に、その本人が映っているのに気付いた。ただ、口をへの字に曲げて、両手で×を作っている。そんな像はすぐに消えたのだけれど、それが不思議だった。

その女性は内藤さんをしきりに褒め称えるので良い気分になっていた。一緒に食事もし、そのあとホテルにも行った。

が、そこに怖いお兄さんが現れて恐喝された。美人局《つつもたせ》だったのだ。

そんな目に遭っているのに、「あの美人のお姉さんは、目の中では×印を出して危険を知らせてくれていたので、本当は心も綺麗な人に違いない」と、内藤さんは惚気《のろけ》話でもするかのように、目尻を融《と》けたように下げた。

4　池の秘密

私とは二回りくらい上なので、親世代くらいのご年齢の新見《にいみ》さんが、まだ中学生の頃の出来事である。

ある日、父方の実家の夢を見た。庭の向こうに自分がいるという設定のようで、縁側越しに座敷が見えている。その座敷には衣紋掛けがあった。

と、視界が移動した。座敷から目が離れ、手前にある庭に視線が寄っていくのだ。

庭の池が視界に広がる。

と、赤い鯉《こい》が水面からしぶきもあげずに、緩やかに浮かび上がってくる。

その鯉はなんらかの舞いを舞うかのように、優雅に向きを変えながら、尾鰭《おびれ》の方から着物に変身していく。

赤をベースにした、牡丹《ぼたん》やら鶴やらの柄のある、印象に残る着物だった。

気品すら感じるような見惚《みと》れる動きで空中を漂いながら、その着物は衣紋《えもん》掛けにおさまった。

「あなたが見ていないと思っているのね。あの緋鯉《ひごい》、〝うちかけ〟に化けたわ」と女性の声が耳元でした。知らない声だった。中学生なりにセクシーだと感じた。とても魅力的な声なのだ。

これは絶対に綺麗な女性だと思えた。振り向けば顔が見えるだろうなと、頭の隅では思うのだけれど、顔を向けられない。

「お祖父さんが訊きに来るから、この夢の話をしなさい」というその女性の声がして新見さんは目が覚めた。

なぜか、心臓がドキドキしていた。綺麗な女性の声を耳にしたからという興奮もあるのかもしれないが、恐ろしいときの反応と同じだと感じていた。なぜかとても怖かったのだ。

普段なら、あまり夢は覚えていないが、この夢だけははっきりと覚えていた。

その日、遠くに住んでいるお祖父さんが本当に訪ねてきた。訪問自体が珍しいことであり、普通ならしてくるはずの事前の連絡も無かったので、お父さんはとても驚いていた。

お祖父さんを出迎えたお父さんは、新見さんを呼んだ。予想は付いたが、まさに、その通りで、要件は新見さんに会いに来たのだというのだ。

　お前が夢で見たことを教えろ、というのだ。夢の女性の言葉通りである。その一致は驚くべきことではあるけれど、一方で予想の付いていることで当然のことだとも思えた。お祖父さんが「新見さんが見た夢の内容を訊け、という夢を見たのだ」と告白しても、想像がついていた。

　夢の話をすると、ほお、とお祖父さんは腕を組んで感心していた。

　お祖父さんは実際に、ある打ち掛けを手に入れていたのだ。

　新見さんの話を聞くと、帰宅してすぐに、それを売り払ったという。

　そんな顛末を聞いたときに、あの女性が何者なのかとお祖父さんに訊いてみた。が、お祖父さんにも全く心当たりがなかった。

　お祖父さんには、そんな女性や打ち掛けとは別に気になっていたことがあった。鯉だ。実際に庭には池があり、しかも一匹だけ赤い鯉がいて、目立っていたのだ。お祖父さんは庭に出て、池を覗いた。あの赤い鯉はいなくなっているのだろう。そう予想していたが、その緋鯉も含めて、全ての魚が池の底に沈んで死んでいた。

二十　美人注目フェロモン

若い頃、貫田《ぬきだ》さんは自分をじっと見ている視線に気付くことがしばしばあった。その視線を辿ると、多くの場合、そこには美しい女性の姿がある。といっても、特定の人物とは限らないので、ストーカーではないようである。貫田さんに興味を持ったので見ているという感じだ。ただ、その関心の度合いが甚《はなは》だしい。ガン見と表現するのが適しているくらいに、強く集中しているのが殆どだ。

このエピソードを聞くと、貫田さんという男性はさぞかしモテるのだろうと思えるが、実際にはむしろモテない部類に属する。本人が謙遜しているというのとは別に、彼女がいたことが殆どないのだ。

選り好みしているというのでもない。大学生の頃に、貫田さんが「彼女が欲しい」と口にしているのをよく見たという証言も得ている。

とすると、男前だけれども、性格に難があるのではないかと、貫田さんという人物を思い浮かべてしまうかもしれないが、実際は真逆である。失礼ながら、男前というグループには属さない。自他共に認める〝モッサ〟くて、〝イケテイナイ〟男性である。逆に性格の方は難があるどころか、〝イイヤツ〟あるいは〝イイヒト〟という高評価を得ている。

それだけに、美女から熱い視線を送られるというのは、貫田さん自身も望むところであり、その状況を目撃した友人達からも羨ましがられていた。

それで、自分をガン見している美女がいるとそちらに行って話しかけたものだった。しかし、いつも妙な反応を返される。

「何か？」と訊いても、「は？　意味がわからない」という厭そうな短い言葉を返されたり、不審そうな目を向けるだけで返事をしないこともある。

「いや、こっちを見てたでしょ」

というようなことを貫田さんが言うと、美女には否定される。「お前なんか見ていない」とすら返されてしまうこともあるのだ。

視線を感じるというのは、少々主観的な部分もあるけれど、貫田さんだけでなく、同席した友人でもわかるくらいにガン見していた女性でも、否定するのだ。それは何かプライドに関わるものというよりは、どうやら、ジッと貫田さんを見ていたけれど、それは意識に上《のぼ》らない行動だったように思えるのだ。

知人に相当な美女がおり、彼女も無意識に貫田さんを凝視していたことがあった。それで訊いてみると、前述の仮説の通りだった。貫田さんに男性としての魅力を感じはしない。しかし、知らない間に視界に入れている。視界に入れるというよりは、確かに凝視している。でも、それは客観的には秋波《しゅうは》を送っているように観察されるような外観だけれど、主観的にはただそちらに目を開けて顔を向けているだけである。

まるで、意識に上らないで行動を操っているフェロモンのようなので、貫田さんは最終的に、こういう「美女にだけガン見される」ことを「自分は美人注目フェロモンを分泌している」だけなのだと、諧謔《かいぎゃく》を交えて理解して、諦めることにした。

ただ、彼女が欲しいし、できれば結婚もしたかったので、積極的に婚活をした。パーティーに参加したときも、貫田さんからの美人注目フェロモン分泌と、美女だけによるフェロモン受容という現象が目撃された。他の男性参加者には美人にガン見されていると羨ましがられていたが、〝真相〟を知っているので、貫田さんはそれには惑わされずに相手を探した。

そして、ある婚活パーティーで知り合った、ガン見はしないけれど貫田さんに興味を持った女性と意気投合した。美女かどうかは個人の見解によるのでなんとも言えないけれど、その人と結婚してから、美人注目フェロモンの分泌がなくなったのか、そのガン見される現象は収まった。貫田さんは良い伴侶を見つけられたと喜んでいる。

二十一　姉さんに呪われてるよ

「姉さんに呪われてるよ」

と根本《ねもと》さんは従弟《いとこ》から教えられた。従弟は、電話やメッセージを送ってくるのではなく、わざわざ、根本さんの部屋まで訪ねてきたのだ。「姉さん」とは根本さんの実の姉のことである。従弟の行動は、まるでお姉さんにはスパイの能力でもあって傍受されるのを怖れているかのようだった。

実際に、根本さんはお姉さんとはあることで揉めており、絶縁状態だった。従弟は比較的中立の立場で、お姉さんとは以前通りのつながりを持っていた。ただ、これはちょっとひどいねとスマホで、ある動画を見せてくれた。

ビニール製の着せ替え人形が映っている。ちょうど顔が隠れるように白い紙が貼られており、そこには根本さんの名前が書かれていた。

人形の腹の部分を握っている手はお姉さんのものだと思える。お姉さんの声だけがスピーカーから聞こえてくる。内容は根本さんへの悪口である。死んでしまえという語も混じっている。

その人形には火が点けられた。油のような可燃性の液体でもかけられているのか、すぐに燃え広がり、人形は乱暴に地面に投げ捨てられた。

従弟が「呪われている」と表現した通りの内容だった。こんな呪いの作法があるのかどうかはわからないけれど、少なくとも自分に見立てた人形を害している。人形を使った類感呪術だ。お姉さんはこれが根本さんに伝わるであろうことを想定しているようだった。この映像の記録を敢えて許可しているのだ。従弟は根本さんに見せろとお姉さんから言われたわけではないけれど、見せるべきだと思ってこうしてやってきていた。ただ、根本さんにしてみれば、自分が呪われていることを知って厭な気持ちになっている。お姉さんはそれを想定しているであろうことも理解できた。

なんて厭なヤツなんだ。と根本さんも心の中でお姉さんへの悪態をついた。それは強《し》いて言えば呪いとも言えるものだけれど、お姉さんから自分に向けられたあの呪いに比べると強度というか努力の面では軽いものだった。

とにかく、こういうものは気にすると良くない。呪いなどは存在しない。ただ、気に病むと、それで精神的なバランスを崩す。そうなってしまったら、呪いが効いたのと同じであり、相手を喜ばせるだけだ。

根本さんは、従弟に教えてもらったことについて礼を言ったものの、呪いについては放っておくことにした。

従弟を外まで見送った帰り、根本さんは部屋に戻る途中の共用廊下で、見慣れぬ人物と出くわした。セキュリティのしっかりした小さめのマンションで、すれ違うのはまず見知った住人である。配達員もいるが、制服でわかる。

しかし、その人物は奇妙だった。不審者と言ってもいいだろう。何か、隠密行動をしているかのように、顔などがわからない格好をしているのだ。喪服のような真っ黒な服で、黒い帽子を被ってサングラスをしている、長身でがっしりした男である。ただ、マスクはしていなかった。

その出で立ちと巨躯に根本さんは少し怯《ひる》んだ。

と、その男は少し立ち止まって、ニッと笑った。その歯が全部真っ黒だった。

驚いた根本さんだが、我に返ると、怒りが湧いてきた。姉の差し金だと思えたという。

それで、

「お前は呪文だろ」

と頭に浮かんだままを口にしてしまったという。今考えると、頭のおかしい人だと思われてしまうようなことを言ったものだと自分を訝《いぶか》しむのだけれど、意外にもその男はバレた、とでもいうように悔しそうに顔を歪めた。すぐに根本さんの脇を抜けて走り去っていった。エレベーターは使っていないようで、階段を駆け下りる、速い足音が響いていた。

しばらくして、従弟から連絡があった。あの呪いをかけてきたお姉さんの家が火事に遭ったのだという。それも焼け落ちたと聞いて、あの黒い歯の男を追い返したのは、思いがけず呪い返しになっていたのではないかと思ったという。

二十二　イコール卒塔婆

あれ？　こんな喫茶店があったっけ。

と、乃木《のぎ》さんは首を傾げた。

彼女の記憶では、そこはこの前までイタリア料理屋だったはずである。その喫茶店は新しい店構えであった。一緒にいた妹も同じようなことを考えていたらしく、前のイタ飯屋は潰れて、喫茶店になったのだろうと話し合った。

そこは入れ替わりが激しいということを二人は思い出していたのである。

時間もあったし、雰囲気が良さそうなので、その店に入ってみることにした。ドアをくぐると、外観だけでなく、内装も良い雰囲気だ。

ただ、カウンターの後ろにある柱が薄気味悪かった。何があるというわけではないけれど気味悪い。

妹がキョロキョロと、店を見回していた。

どうしたのかと訊くと変な声が聞こえたけれど、その声の主がいないというのだ。

その内容というのが、

「ああ、こんな建て方だったら、卒塔婆《そとば》と同じ意味合いになってしまう」

というものだった。年老いた男性の声だけれど、該当するような人物が見当たらない。

そして、そんな声は乃木さんには聞こえなかった。

ただ、乃木さんが薄気味悪く感じたあの柱を指さして、

「あれが卒塔婆と同じってことかな。だけど、それだと意味が通じないか」と妹が言ってきた。「確かにあれって、気持ち悪い感じがするんだけど」

その妹の言葉を耳にした瞬間、乃木さんは鳥肌がぞわっと立った。本能的に危機を感じたかのような体の反応だった。理屈ではなく、雰囲気が恐ろしいのだ。

二人ともが気味悪く感じる柱。それは卒塔婆と同じ意味合いだという声がする。そして、そんな店は入れ替わりが激しい。

なんとなくそれらは関連しているような気がする。が、そんなことは見ず知らずの店主には言えない。とりあえず、お茶だけ飲んで帰った。

しばらくして、その喫茶店は空き店舗になっていた。

二十三　託宣（人間態）

私と同世代の橋場《はしば》さんが若い頃に出会ったという奇妙な占い師の話である。

占ってもらいたい者は、その占い師の自宅に行く。そこは古くからの家が並ぶ住宅地にある、ごく普通の一軒家だった。リビングに通され、そこで占うのだ。

よく当たるということは知られているようで、玄関の前に長椅子があり、橋場さんが行ったときも先客が二人いた。

占ってもらった内容はごく個人的なことであり、話の本質とは関係が無いので伏せておくとして、その占果が変わっているのだという。

占いの結果が、人間の姿で現れるというのだ。必ずしもそうではないそうなのだけれど、その場合は現れた人物で未来がわかるのだという。

その説明を受けて、人間が……？　どういうこと？　と橋場さんは理解が追いついていない旨を占い師に正直に告げた。

「今から誰かが来て、その人がどんな人なのかで占うのでしょうか。それとも、辻占みたいに外で誰かが話している声を聞いて読み解くとかでしょうか」

と、自分なりに思ったことを口にして訊くと、そうではなくて、さっきも言ったように〝占いの結果が、人間の姿で現れる〟のだというのだ。占いの結果が来るのだから、それは実在の人間ではないというのだ。そう聞くとなんだか気味が悪い。が、なんだかそれではこの占いを否定するような気がして、「気持ち悪い」など口にはできなかった。

子供や老人、綺麗な人など、どんな人が来るのかはその占い師にもわからないという。

ただ、来たらそれとわかるのだそうだ。

「子供が来たら大吉で、願いは叶いますよ」

と歯を見せる。

橋場さんは（うそやろ……）と半信半疑で聞いていたが、不意に窓を叩く音がした。

音の方を見ると、浅黒く日本人離れした、目がくりっとした男の子が窓の外にいる。

「あの子です」と言われて、へ？　と思いながらも気になって窓に歩み寄っていくと、かき消すようにして姿が見えなくなった。

窓の向こうは広い庭で、隠れる場所など無い。

その子が占いの結果なのだったら、今後どうなるのかを言ってくれるのかと思っていただけに、橋場さんは呆気にとられていた。そんな橋場さんに、占い師はちょっと驚くほど具体的に今後に起こるであろうことを告げた。

それは「子供が来たら大吉で、願いは叶いますよ」という言葉通りの望ましい結果なのだけれど、ほんの少し子供を見ただけである。何かお告げを聞いたわけでもない。それなのに、そんなに細かなことがわかるのだろうか。そんな疑問を持ったので、橋場さんは訊いてみた。

確かに何か言ったわけではない。ほんの少し、見ただけである。でも、それでわかるのだ。そんな回答だった。

興味を持った橋場さんは、どんな特徴からそれがわかるのか。しかも、そんなに具体的に。と、不思議に思う点を訊いた。

「言ってもいいですけど、この運はなくなるよ」

それまでの丁寧な口調から、少しぞんざいになり、しかもちょっと怒ったような表情で占い師は答えた。

その言い方と内容に、橋場さんは首筋に刃物を当てられたかのようにヒヤリとして、それ以上訊くのを止めた。

その後、まさにその言葉通りになった。よく当たるというのを実感した。実感したのではあるが、なんだか恐ろしくて、それ以降、その占い師のところへは行かなくなった。

二十四　仏の字

菱沼《ひしぬま》さんが小学生のとき、同級生に仏という字が体に浮かびあがる子がいた。

もうすぐ字が浮き出てくるよと言われて、見ると腕に〝仏〟という字が本当に浮かんでくる。でも、爪でひっかいておいてしばらくするとそれがミミズ腫れというか、浮き出てくるんじゃないかと言う子がいて、なあんだとなった。確かに、菱沼さん達が試しに爪などで皮膚を引っ掻くと、しばらくしてそれが赤く盛り上がってくるのだ。

そんなカラクリじゃないのか。少なくともそれに似ているように思えるのだと、その子に言うと、じゃあ、自分じゃ書けない背中に出すといって、本当に出現させた。

それはミミズ腫れでは説明できない。少なくとも自分で書いたものではないようだ。それに、宣言してからずっと見ていたから事前に準備もできないし、協力者もいないので、そういう意味でも引っ掻いておいて出てくる字とは思えなかった。

浮き出る字は〝仏〟だけで、ありがたい感じがしたが、その子は寺の子とか、何かの教祖様の子とかそういうのもない、一般的な会社員の家の子だった。しかし、出てくる字は〝仏〟であり他の字は出なかった。

小学四年生になったある日、その子は突然死した。事故や大病ではなく、心不全で、朝になっても起きてこなかったのだ。

二十五　新・真実の世界

「脳釘怪談のシリーズでは、子供のときに見た変な物の話がいくつか、一つにまとめられていたじゃないですか」

「ええ。電子書籍版の『第三脳釘怪談』の〝真実の世界〟ですね」

「あれ、面白いですよね。ああいうの、まだありますか？」

「あります」

1　謎の住人

古沢《ふるさわ》さんがまだ学校に上がる前のことだという。

近所のある家から荷物が運び出されていく。それは引っ越しかと思ったのだけれど、そこの住人の姿が無い。どういうことかと傍にいた古沢さんのお母さんに訊くと、事情を知っていた。そこの住人は密かに家を出ていて、連絡がつかないのだという。それで残った家財を処分しているのだ。

実は勝手に処分するのは違法なのだけれど、そんなことは知らなかったので、そういうものなのかと眺めていた。

運び出されていく荷物の中に、精巧な家の模型があった。オモチャというよりは芸術品という趣があることが幼い古沢さんにもわかった。それで、その模型に見とれていた。と、その模型の二階の窓から小さい顔がこっちを見て手を振った。

それを見ていたのは古沢さんだけで、人に語っても信じて貰えなかったという。

2　秘密の手術

別府《べっぷ》さんにはシッポが生えているのが厭で手術で取ってもらったという幼少時の記憶

がある。

それを話すと、両親も否定するし、手術痕も無いけれど、

「それは二人だけの秘密だよ。だから、この話はもう、しちゃいけない」

と言ってくれたお爺さんのお医者さんがいた。もう亡くなってしまっているけれど、そのお医者さんの戒《いまし》めを破って、こうやって話してしまっている。だけど、不思議でしょ、と別府さんは嬉しそうだった。

3　寝込んだ理由

宝来《ほうらい》さんは保育園の年長のとき、三日も高熱で寝込んでいたことがある。

その直前の記憶が、大きな怖ろしげな鬼が生首を抓《つま》んでプチッと潰すところを覗き見たというもの。

うわっ、と思ったが、思っただけなのか、声を上げて鬼に見られてしまったのか定かではないが、その後はもう次に目覚めるまでの記憶が無いのだ。

潰された生首が誰のものなのかは全くわからないが、未だにはっきりとその中年男性の顔を憶えているのだという。

4　いっぱいぶら下がった部屋

いくつだったかは定かではなく、おそらく幼稚園の頃のことだという。真鍋《まなべ》さんは、天井から何人もの首吊りが並んでいる部屋に紛れ込んだという記憶がある。目の前に足があり、それを辿って視線を上げていくと、目を瞑ってうなだれた成人男女の顔があった。その後からロープが天井まで続いているのだ。

どういうシチュエーションでそうなったのか、その後どうやってそこから離れたのか、全く憶えていない。

ただ、その部屋で「あれはおいしくないよ」と教えてくれたお兄さんがいたのは憶えている。そして、そのお兄さんの顔がはっきりと頭に残っている。とても奇妙なことに、成長した我が子にそっくりなのだ。

息子さんにはそんな〝記憶〟は今のところ無い。

5　迷路部屋

幼稚園のとき、迷路部屋という部屋があり、そこで遊んだのを三田村《みたむら》さんは憶えている。

巨大迷路が好きで、大人になってからもわざわざ入って遊ぶことがあるけれど、当時はなぜか楽しかったという憶えが無い。勿論、迷路部屋は名前の通り、迷路になっているのだけれど、楽しかったという記憶が全然ないのだ。むしろ、嫌だと拒んだこともあった。そんなときでも、みんなでやるお遊戯の一種だったのか、強制的に入らされていた。

奇妙な記憶なので、大人になって同級生に訊いてみたことがある。忘れている子もいるが、ちゃんと憶えていた子も複数いる。子供だけでなく、辞めた先生で憶えている人もいる。

ただ、園長先生を含めて、多くの先生は、迷路遊びをしたことはあるけれど、そんな部屋はなかったという。

しかし、その迷路部屋の内部の記憶を持つ者もいた。首だけの生き物がいたという者と、そうではなくて、でっかい女の子の顔の絵あったというものがいるのだ。一致はしないが、その二つに集約される点が不気味である。

6　死体さん

〝死体さん〟が、入っているというか、お越しなので開けてはいけないという押入れが村上《むらかみ》さんの実家にはあった。というか、村上さんの実家の押入れが昔そうだったのだという。神様が一時的に死体を置くために使っているというのだ。死体さんと漢字を当ててみたが、そういう神様だという話しか伝わっていないので合っているのかわからない。かといってシタイさんと書くのも妙な感じはする。

とにかく、神様の息がかかった死体があるから開けてはいけないのだ。

村上さんはものは試しと、開けたことがある。

厭なことに、知らない男が目をつぶって横たわっていた。本当に死体がある！　と驚きもし、禁忌《きんき》を破ったという不安や恐れも抱いた。いや、それもあるけれど、その男を見た瞬間から頭が割れるように痛くなった。それから村上さんは頭痛持ちになった。

ただ、村上さんのご両親に訊いてもそんな奇妙な言い伝えはないという。そもそも死体さんというネーミングってどうよ。と、逆に訊かれた。

7　見るなのスネークショー

あまりにも強烈な出来事なので、どこだったのかという情報がすっぽりと抜け落ちているのだという。

ただ、他に人はいなかった。人気《ひとけ》の無いところだったのはうっすらと思い出している。そんな場所で、目加田《めかた》さんは蛇を掴んでいる男性を見た。向こうからはこちらは見えていないようだった。

当時のお父さんよりももう少し年上に見える。四十代くらいのその男性は蛇を握ったまま、ズボンを降ろして、下着まで脱いだ。

そして、その蛇を頭部の方から、自分のお尻に入れていた。その蛇はちゃんと生きていて、そんなことをされるのが厭なのか、尻尾をバタバタと振り動かしていたのだ。

ゾッとしたのもあるが、見てはいけないものを見ているというそんな気持ちだった。そこからどうやって帰ったのか、全く憶えていない。

突拍子もない話であり、幻覚なのかとも思えるが、思いつけるような出来事ではない。想像するにもそんな話のタネというか核などもない。だから、実際に見てはいると思えるのだという。

8　熊が出た

森中《もりなか》さんが暮らす集落では山から熊が下りてくることがある。そんなときはスピーカーを通じて集落内に「熊が出た」などの警告放送が流れる。幼い頃は母親が目の届くところに森中さんを置いておいたけれど、小学校に上がる頃には警戒感も薄れたのか、外に出てはいけないと指示されるだけで、日によっては言わなくてもわかるだろうと敢えてそのような指示を口にしないこともあった。

森中さんは聞き分けが良い子であり、外には出なかった。けれど、当時から住んでいた一軒家の二階にある自室にあがって、窓から外を眺めていた。母親もそうしていることは知っていたようだけれど、危険は無いだろうと好きにさせていた。

実際に熊が森中さんの家の傍まで来るとは限らない。むしろ、そうやって窓から眺めていても、大抵は得物を手にした大人たちが通り過ぎるのを見るだけだった。

ただあるとき、見慣れない人物を目にした。全身が十円玉のような銅色をした人が何も持たずに家の前の道路を横切って行ったのだ。背格好や横顔から判断するに、近所の人ではない。何より、その赤みがかって金属光沢を鈍く放っている全身がロボットというか怪人というか、なんとも奇っ怪な印象を与え、恐ろしかった。

そんな怪人が通り過ぎてすぐに、大人達の怒鳴るような、口論でもしているかのような声がした。窓を開けて顔を出して、声の方を見ると、見覚えのある近所のおじさん達が、手にした得物で熊のような何かを追い込んでいた。

しかし、それは熊ではなかった。まず、手足が無い。ちぎれた巨大な、トカゲっぽいものの首なのだ。頭だけなのに長さが大人の身長くらいもある。そんな怪物が、手足も無いのに、大人に飛びかかり、大勢の大人が空中にいる間にはたき落として、袋だたきにしていた。

それが動かなくなるまで打ち据えられ、その後はどうなったのかは見届けていない。ただ、その巨大な爬虫類の頭部としか思えない怪物は、熊ということになっていた。熊だという大人たちの話に納得できない森中さんは、自分が見たモノを親に話したのだけれど全く信じて貰えない。見ていない親は、その後の顛末を伝え聞いたそのままに熊だと信じきっているのだ。だから熊が山から降りてきているという話の中には実は怪物が混じっているのではないかと森中さんは思っている。

9　川で行き倒れを見た話

八尾《やお》さんの遊び場はもっぱら河川敷だった。ある日、小石だらけの川岸で倒れて動かなくなった人を見た。

それは遺体だった。仰向けになっていたので、濁った白目を剝いている傷んだ顔を八尾さんはまともに見てしまった。ただ、腐敗しているにしても異様な点があった。両目の間隔が異常に離れていて、もう顔の側面に付いていると表現してもいい感じなのだ。両目の間隔が広い人というレベルを超えてしまっている。

とにかくこれは変死体なのだと思って家に帰ると、父親がいたので、父親を連れて河川敷に戻った。父親もその異様さに驚いている。当時、携帯電話はまだ普及していなかったので、父親は家に戻って警察を呼んだ。

駆けつけた警察官に事情を訊かれた。

そのときに、父親は「顔が溶けてるのか」とか、「おかしくないか」と興奮して訊くが、警察官は「そうですかね」と淡々と冷静に対応して証言を書き留めていた。

その間に、遺体が回収された。回収に来たのは三人で、その三人は同じ服を着ていた。警察官の制服でもないし、白衣でもない。ウェットスーツのような、顔だけが出る、体に密着するようなもので、紺一色だった。ロゴも付いていなかったように思う。あとで考えるとちょっとおかしいと思えるが、そのときはただ彼らの回収作業を見ていた。

その後に何か報道はされるだろうと注意していたが、該当するものは目にしない。

10　グニャグニャ

由比《ゆい》さんがまだ小学校にあがる前のことだという。

ある日、起きると目覚めているのは自分だけだった。夜中や早朝ではなく、窓の外はとても明るい。いつもなら両親は暗いうちからとっくに起きていて、お父さんは仕事に出かけており、お母さんは家事をしている。しかし、今日に限って、みんな布団の中なのだ。

起こそうと傍のお母さんを触ると、グニャグニャで、押せば押しただけ凹《へこ》んでしまう。あり得ない形に変形するのだ。お父さんにも手を伸ばすが、同じようにスライムのようになっている。しかも、二人ともそんなに変形されるくらいに触られているのに目を覚まさない。

死んでしまっているように思え、恐ろしくて由比さんは布団を飛び出した。距離をとってもう一度両親を眺めた。変に伸びた体が元に戻っている。けれど、怖くてもう触れなかった。

外に出ようと思った。それで、ドアノブに触ると、ノブもぐにゃりと変形した。ドア自体もグニャグニャだ。

我を忘れて、声を上げて泣いた。泣いていると両親が起きてきた。普段通りの両親なので、安心してお父さんの胸に飛び込むとグニャグニャしていて、柔らかいままだった。後先を考える余裕など無く、怖い怖いと泣くが、両親は訳がわからぬようだった。

ただ、いつの間にか両親もドアもノブも元の硬さに戻っていた。

11　お母さんに見つかったら死んじゃう！

吉兼《よしかね》さんは子供の頃、歩けるものだと思って空中を歩いていたという記憶がある。当時住んでいたのは団地で、吉兼さんの家は五階にあった。

その五階の窓から空中に足を踏み出し、しばらく空を歩いては地上を眺め、飽きると戻ってきていた。全然怖くなく、むしろ気持ち良いが、なぜかお母さんに見つかったら、浮遊能力を失い、落ちて死ぬと思っていて、お母さんに見つかることだけが怖かった。

単なる思いつきではなく、誰かお爺さんみたいな人が、「お母さんに見つかってはだめなんだ」と教えてくれた気がしているが、誰かわからない。

12　両側童子

羅本《らもと》さんがまだ保育園に通っていた頃、よくお母さんは知らない男の子二人を左右に連れていた。左右にただいるだけではなく、しばしば手をつないでいた。お母さんと二人は会話までしていたことも憶えている。ただ、そのときに三人の傍に行って「何を話しているの?」と訊くと、「何を変なことを言ってるの?」とムッとされた。それをその男の子達はニヤニヤして見ていた。

そんな二人だけれど、外出先から戻ってくると玄関でお母さんと別れて、家には入ってこなかった。だから、よその子供なのだと思っていた。

そんな奇妙な二人は、羅本さん以外にも目撃されていた。午後六時にお母さんが羅本さんを保育園に迎えにくるときに、二人が付き従っているのが先生にも見えていたようだ。先生も二人のことを〝お兄ちゃん達〟と言っていたのだ。

　そんな謎の二人の男の子は、両親の離婚直後から二〜三年間は目撃されていたが、急に見なくなった。不思議でならないので訊いても、お母さんは全く知らないと言う。いなくなった理由を知らないというだけではなく、そもそもそんな子達など知らないと言うのだ。

　羅本さんなりに、強いて彼らがなんだったのか正体を考えると、現在、義理の兄が二人いるので、彼らを予知のように見ていたのではないかと思えるのだそうだ。ただ、それはこじつけかもしれないと自信なさげだ。勇気を出して、二人の義兄に言ったら笑われたという。でも、あれが義兄達だったというアイディアは気に入っている。

二十六　ネズミが出て嫌になる

運動不足を憂《うれ》えていた領家《りょうけ》さんは、同じ問題に悩んでいた友人とジョギングを始めた。最初は夜の九時から走っていたのだが、仕事で疲れた後というのはなんだか罰を受けているようで楽しくも無ければ喜びも無い。逆に朝に走ってから仕事に出るというのはどうだろうと、早朝六時に落ち合って走ることにした。二人とも早起きは苦ではなかったようで、こちらの方が合っていた。激走するわけではなく、疲れるよりもむしろ、これから一日を始めるのにちょうど良いウォーミングアップになっていた。

そんなある日、いつものようにクールダウンも兼ねて、決めていた距離を走った後に家まで二人でゆっくりと歩いて帰っていた。友人の家は領家さんのアパートより向こうなので、途中まで一緒なのだ。

その日は後の都合もあって、普段よりも早めの五時から走っていた。三十分ほど走った後だけれど、冬だったからまだ日は昇っていなかった。

領家さんの住むアパートにさしかかった。共同のゴミ捨て場が見えた。積まれたゴミ袋の上に変なモノがいた。

小さな人間が踊っているのだ。最初、人形かオモチャかと思った。コンピューターのマウスほどの大きさで、何も身につけていない人型のものである。気味の悪いことに、皮膚が透けているのか、存在しないのか、腸や肺などの内臓が見えているのだ。そんな小人が、両手を顔の辺りまで上げて、ひょこひょこと踏むステップに合わせてその手を表裏を見せるように翻している。

友人もそれを見て唖然としていたが、我に返ったようにスマホを取り出していた。その意を悟った領家さんもスマホを取り出してカメラを起動した。

小人も領家さんたちの意図を察したようで、ゴミ袋から飛び降りて、背を向けて逃げていく。すぐに物陰に隠れてしまい、二人とも撮影には失敗した。

「なんだ、あれは」「でも、見たよな」「ああ、見た」「写真じゃなくてビデオで撮りゃ良かった」などと悔しがりながら話し合っていると、ゴミ袋を手にしたおじさんがやってきた。

アパートの大家さんだった。なぜか、二人を目にしてギョッとしたような表情をした大家さんに、領家さんは普段通りに挨拶をした。ハッと我に返ったような顔をした大家さんはいつもどおりににこやかな笑顔を向けて挨拶を返した。そしてそのままゴミの山に進んでいく。

大家さんが手にしているゴミ袋は透明で、中身が見えた。

血塗れだった。

それに気付いて、領家さんは身を竦めた。友人も気付いたようで、それが態度に出ている。

内側が血に塗れたビニール袋には小人が入っていた。内臓の透けた小人が、血塗れで入っているのだ。白目を剥いて動かないので死体だろう。

驚いて見ていると大家さんは

「ネズミが出て嫌になる」

と言って、その袋をゴミ捨て場に放った。ちょうど、その袋は他の袋の後ろ側に落ちて隠れたが、動かせばあの透明な小人の死体が見えるのだと思うと気持ち悪く、ゾッとしもする。

敢えて確認はしなかった。

そこに出されたゴミはゴミ収集車が回収していった。ちゃんとすべて回収されていた。

他の住人に訊いてみると、確かにネズミの被害はあったようだ。しばらくして、アパートに害獣の駆除業者が入った。それからネズミの害を耳にしなくなった。

二十七　カグノカゲ

流川《るかわ》さんの実家は戦災で一度焼け落ちているが、同じ場所にもう一度建て直している。だから、建物自体は古いと言えば古いけれど近代のものである。しかし、奇妙なものが出る。

箪笥《たんす》や食器棚、ソファなど、家具の陰に十センチほどの大きさをした何かが隠れるのを見るのだ。素早くてはっきりと見えないけれど、縦に長くて腕のようなものが見えたから人型のもの、つまり小人だろうと考えている。

家族全員が見るのではなく、お祖母《ばあ》さんと流川さんだけが目にしているのだけれど、二人とも小さい人間のようなものだと判じている。だから、流川さんが生まれるまではお祖母さんだけしか見ていなかったので、気のせいだと言われていたという。建て直す前の家ではそんなものは出なかったというのもあり、お祖母さんは誰にも信じて貰えず、騒いでもしかたないと諦めていた。幸いにも小人は悪さというか危害を加えることは無かったので無視しても問題なかったのだ。

ソファの後ろに黒い小さなモノが隠れるのを流川さんが初めて見たときのことだ。ソファに近づき、覗いてみると何もいない。しかし、そこに何者かが隠れるのをはっきりと目にしたのだ。

それで家族に話してみた。

お祖母さんは、話してもいないのに孫がそれを見たというのを聞いて驚きもし、喜びもした。息子や義理の娘、つまり流川さんの父母は幻覚だと馬鹿にする中、実は私もそうなのだと孫の流川さんに打ち明け、二人でそういうものがいるのだと話し合った。流川さんにはお姉さんもいて、彼女からは見たという話は聞かなかった。お祖母さんと、男の孫である流川さんにだけ見えるけれど、当時は隔世遺伝という概念を知らなかったし、知っていたとしても必ずしもそうであるわけでもないので、二人にどんな共通点があるのかとても奇妙に思っていた。そもそも、その小人がなんなのかということ自体わからなかった。ただ、気にしなければいい、そうお祖母さんから聞いて、流川さんは安心もし、なんだかそんなに特別なことでもないような気がして少し落胆もした。

流川さんが中学生くらいになったあるとき、壁と本棚の隙間にあの黒い小さなモノが入ったのを見た。その隙間を覗いて見ると何もいない。本棚の裏に隠れたのではないか。本棚を動かせば出てくるのではないか。あるいは不意を衝いて見られるのではないか。そう考えて、本棚を抱きかかえるようにして手前にずらすように動かしはじめた。

と、右手にグサッ、グサッと痛みが走った。

反射的に手を引っ込めた。見ると、手の甲に二つの刺し傷があって、血が流れていた。思った以上に深手だった。勿論、例のごとく、刺したヤツなど見当たらなかった。

気にしなければいい。というより、そうするしかなかったのだけれど、奇しくもそれがベストだったのだと思えた。無理に見なければこれまで通りだ。

それからは、家具の陰に何かが隠れるのが見えても流川さんは近づかない。

二十八　何も持たずに出たんですよ！

世間話をする機会があると、不思議な話をするようにしている。それもそんなアホな、と言いたくなるようなものを選んでいる。

例えば、このような話だ。

私の大学時代の同窓生の蓮台《れんだい》さんが、後輩二人を連れて、北海道の函館《はこだて》にあるキャンパスからドライブに出かけた。大野新道《おおののしんどう》と呼ばれる、車線が複数ある広い道を、大沼国定《おおぬまこくてい》公園を目指して北上していた。

と、トラックが並走した。右側に並ぶトラックは追い抜いても行かず、ずっと並走している。スピードを緩めるとトラックも緩める。逆に上げると向こうも上げてくる。蓮台さんが運転するのは軽自動車である。だから、そのトラックから受ける威圧感は大きい。

気持ち悪くなって、ちょうど見えてきたコンビニに逃げ込んだ。

すると、そのトラックも同じ駐車場に入ってきた。

蓮台さんの真横に駐まる。

暴力を振るわれるのではないかと車内には緊張が走っている。

トラックから運転手が降りてきた。ザッザッと砂利を踏みながら、運転手は蓮台さんのいる運転席まで回ってくる。

窓の向こうに立った運転手の手が持ち上がった。窓を叩かれる！　と蓮台さんの身に力が入った。が、彼の手は窓よりもっと向こうに伸びている。屋根に手を伸ばしていたのだ。

運転手は屋根から何かを手にした。

長方形の発泡スチロール製の舟皿だった。そこにたこ焼きが載っている。

窓を下ろした蓮台さんに運転手は、

「たこ焼き載ってるよ」

と笑いながら示した。

勿論、そんなたこ焼きなど、三人は買った憶えがなく、いつ誰がなぜ蓮台さんの車の屋根に置いたのか見当もつかなかった。

以上の話は、愛用の〝呼び水〟的な怪談である。

怪談を取材するとき、単に怪談をお持ちですか？　と訊いてもなかなか思い浮かばないものである。そんなときには、こちらからサンプルになるような怪談をしてみると、ああ、そういうのか、と思い出してくれるものである。サンプルとなる怪談は重要で、採話できる怪談の方向性も決まってくる。私の集める怪談には奇妙なものが多いのはこういう変わった話をサンプルにするからであろう。

ということで、このたこ焼きの話なのだけれど、まず面白がって貰える。

そんな中、これは同じものを別の人達が見たのではないかという体験を複数聞いたので、ご紹介する。

森の中で、誰もいないコンビニエンスストアに行き当たったという話である。

なんだか、マヨヒガを思わせるが、そこは現代的になっていて、建物もコンビニなのだ。

それらには面白い共通点があって、客どころか店員がいないので商品を盗めそうだけれど、何も持ち出してはいないことである。店には共通点は無い。大手コンビニの加盟店であったり、個人経営のものであったり、一定はしない。

そして、皆がなぜか、

「何も持たずに（店を）出たんですよ！」

とそこだけ声を大きくして言うのが共通していて、聞いていて引っかかるのだ。

「え？　なんで今、大きい声で言ったの？」

と訊いたことがある。すると、

「そう……でした？」

と、本人は声を張った意識は無いようだった。

この体験を思い出していると、つい力でも入ってしまうのではないかと思える。そういう言い方のせいか、〝もし何か持ち出していたら、この世からいなくなってしまっていたのではないか〟……というのが暗示されているようで、その考えを告げたことがあったが、「怖がらせないで」と嫌がられた。

二十九　ヒトの顔したトースター

奇妙な体験談があるというので、声をかけて下さった六角《ろっかく》さんは、Ｚｏｏｍで取材したときに、お兄さんも同席された。体験自体は弟さんである六角さんのものなのだけれど、こういう取材に興味があるのだという。六角さんが話しづらくなるわけでもないし、第三者の意見も聞けてむしろ良いこともあるので、その形での取材となった。

六角さんは一人暮らしをしている。その日は、帰宅してキッチンに入ったのだが、そこで違和感を覚えた。

原因はすぐにわかった。

シンクとガス台の間に〝顔〟があるのだ。

それもトースターの側面に付いていた。無表情ながら綺麗な顔であるが、誰なのかわからない。それにしても整った中性的な顔である。頭髪どころか眉《まゆ》や睫《まつげ》などの毛が無い。

こんなトースターなんて知らない。そもそもトースターは持っていない。なのに、そこに存在している。

その存在に気付いた六角さんにトースターの顔も気付いたように、その目が動いて、目が合った。

と、それの口が開いて、甲高く鳴いた。サイレンを思わせる、危険を知らせるような音だった。耳にしているとどんどん不安になってくる。

不安と恐ろしさに耐えられなくなって、キッチンどころか部屋から外に飛び出した。外に出るとあの音は耳に届いてこなかった。それで心を落ち着けて戻ってみると、トースターは消えていた。

不思議なことに、この出来事のせいで、六角さんには何かが無くなったという気持ちがある。が、何が無くなったのかわからない。「そうなら、そんな大事な物ではないように思えるよ」と、お兄さんがそう六角さんに語りかけていた。

それはそうなのだけれど、六角さんは気になって仕方がなく、「喪失感が半端ない。もし、心臓が無くなっていてもそう思いそうだ」と言うのだ。

「いや、心臓が無くなっていたら死んでいるじゃないか」

と斜め後に座っていたお兄さんがツッコんだ。それで笑いが起きて、少し場が和んだけれど、六角さんはすぐに深刻な顔に戻った。

「じゃあ、無くなったのは形見の品のような気がしてきた。……だったら厭だな」

「誰の形見だよ。そんなの貰ってないだろ」

「もしかして、お兄ちゃんの記憶からも無くなっている？」

そう言われてお兄さんも、自信をもって「無い」とは言い切れない気持ちになったという。

後日、ご両親や親戚に訊いても六角さんに渡された形見の品自体が無いということで、これすら全員の記憶から消えていると言われればそうだけれど、もっと別の何か大事なものが無くなってしまったのではないかという不安が消えないのだという。

三十　うんこパン

渡部《わたなべ》さんが最初（で、ご本人曰く、おそらく最後）の明晰夢を見たときのこと。学校に着いたとき、教室には芦川《あしかわ》くんだけがいた。それ自体はそんなに珍しいことではない。しかし、渡部さんはこれが夢だと思った。理由は全くわからない。目の前に「これは夢です」と字が浮かび上がるとか、昆虫型異星人が話しかけてきたりだとかいう非現実的なことが起きて、夢に気付くのなら理解できる。が、そういった理由は無いのだけれど、夢なのだと確信していた。それ以降、そんな感覚を夢で感じたことがなく、経験的・感覚的にも理解できないし、論理的にも納得はいかない。しかし、とにかく、夢を見ているとわかっており、しかもそれは実際に合っていたのだ。

芦川くんとは普段から交流が無かった。それまで話したことは無かったと思う。良く言うと温和《おとな》しい、悪く言うと陰気な人物なので話しかけようという気が起きなかったのだ。それに、家が近くて自然と幼い頃から遊んでいたというのでもない。というか、芦川くんがどこに住んでいるのかすら知らない。

「うんこパン食べた？」

芦川くんはそう言った。「おはよう」という挨拶抜きに、だ。彼の性格からして、しなさそうではあるけれど、「よう」すらの声かけもない。

いきなりの、しかも、意味不明の問いかけに、渡部さんは返す言葉が無かった。芦川くんの机を挟んで、呆然と彼の顔を眺めるだけだった。

なんという変な夢なのだ。そう思いながら、渡部さんはベッドの中で目を開けていた。

その日は、早く出ると夢のようになりそうで、わざとゆっくりと家を出た。教室に着くと芦川くんはまだ来ていなかった。後から来た芦川くんは普段通りに誰とも挨拶もせず自分の机で俯いていた。

だから明晰夢とはいえ、ただの変な夢だったのだと思っていた。

しかし。

「うんこパン食べた？」

早めに家を出たある日、教室に入ると芦川くんだけがいて、そう訊いてきたのだ。

あ、あの夢と同じだ。そう気付いて、全身から血の気が引いたように寒くなった。

二人の位置関係もあの夢と同じだった。芦川くんの前の席である渡部さんは、机を挟んで立っている彼と向かい合っている。違うのは、現実に起きていることであり、これは夢ではないとわかっているところだ。

唖然としていると、芦川くんは机に置いたスクールバッグに手を入れて、ガサゴソとビニール袋の音を立てながら揚げパンを取り出した。袋から取り出したそれは、カレーパンのように見えた。

そのパンに芦川くんは齧りついた。変なにおいが立った。まるで大便のような悪臭なのだ。

「うんこパン食べた？」というさっきの言葉から、〝まさか〟という疑いが頭をもたげる。

ニチャリという厭な音を立てて、芦川くんは口を開けて、黄色っぽいペーストとそれに染まった黄色い歯を見せた。

それ以上見ていられず、渡部さんはそこから逃げ出した。

芦川くんは追ってこなかった。しかし、あの教室に戻る気はしない。廊下の端で誰かが登校してくるのを待った。何人かが教室に入っていくのを見届けてから、渡部さんは教室に戻った。芦川くんは普段通りに机に向かって俯いていた。

お菓子などの食べ物を持って来て教室で食べるのは禁止されている。だから、先生に告げ口しても良いとは思うのだけれど、渡部さんには言えなかった。芦川くんと関わり合いになりたくなかったのだ。後の席にいて、ずっと授業中に見られていると思うと厭で厭で仕方なかったが、振り返って顔を合わせるのはもっと厭だった。

中学生になって芦川くんが難関私立中学に通うことになったと知って、安堵したという。それで初めてこの体験を友達に打ち明けた。

うんこパンを食べているというのは半信半疑だったが、あいつは変だからみんな関わりを持たなかったよね。そう言われて確かにそうだったと思った。

それからも芦川くんとは関わりが無い。

三十一　首無し地蔵のこと

ある畦道《あぜみち》に入ってすぐのところに、頭の無い地蔵菩薩《じぞうぼさつ》像が見える。台座もある座像で、蓮台《れんだい》の葉や衣装も風化して明瞭ではないし、手も削れてしまって印や持ち物は判じられない。ただ、石仏であることはわかる。

そこはちゃんと人通りがある。もし、人がほとんど通らないところであったなら忘れられて、このように劣化しているのだろうと思えるけれど、忘れられているわけではなさそうなので、奇妙に感じる。

今も稲が植えられている田の間に、その畦道は通っているが、その地蔵があるちょっとした草叢《くさむら》だけは避けるような形になっている。

供え物もあるし、正面の草は刈り取られている。周囲には雑草が茂ってはいるけれど、それらに埋もれてはいないのだ。だから、放置されているわけではない。

しかし、お堂があるわけでもなく、屋根で庇護されていない。だから、全くの雨ざらしである。そういう意味では放置されているともいえる。首が無いままで、大分と彫りが削れてしまっている。

そんな、頭が無い地蔵が撤去もされずに、直しもされずに維持されている。首なしという不吉な外観から、まるで、祟られるので触れないように、でも、取り除けずに維持しているという感じがするのだ。

これは、その首なし地蔵を祀ったとされる一族である、生駒《いこま》家の方から聞いた、実家に代々伝わっている話である。

その地蔵は、武将であったという生駒家のご先祖様を祀ったものだと伝わっている。その首が取れたのは、明治時代かその少し前のことだという。近所に住む、ある子供がその辺りで遊んでいて、ふざけて首をたたき壊した。

その子は翌日、「頭が痛い」と叫んで、そのまま亡くなったという。

それ以上の祟りを怖れ、首の修復が行われたが、新しい首はすぐに落ちてしまった。何度直しても首が落ちてしまう。怒りが激しいのだろうかと怖れていると、当時の生駒家の者の夢枕に武者姿の人物が現れた。あの地蔵として祀られているご先祖様の武将であろう。

「もう首は要らぬ！」

とお怒りだったそうだ。以来、現在に至るまで、首無しのままである。

この話をしてくれた生駒さんは証拠にと、話を送る際にその地蔵の写真を撮ろうとしてくれたのだけれど、奇妙なことに何度試しても画面が真っ暗になってしまい、画像を得られなかった。

他言無用の怪談であり、公開すると祟りがあるのかもしれないとも思えたけれど、別の日に試すとちゃんと撮れたという。どうやら公開しても構わぬようである。

三十二　地蔵剥き

鵜飼《うがい》さんのお住まいの地域は地蔵が多いという。データを取ったわけではなく、鵜飼さんの印象であるというが、確かに私もそんな印象を受けている。他の地方と比べて多めではあると思う。

地蔵盆で子供が集まっているのを見たこともあるから、少なくとも地蔵を大事にしている地域であろう。また、これを書くと地域が特定されてしまうかもしれないと少し危惧はしているのだけれど、お顔に白塗りをしているお地蔵様を何体か見たこともある。

現在、鵜飼さんは五十代なのだけれど、これはまだ高校生のときに体験した話である。三人の友人と歩いていた。下校時なのか、一旦、帰宅してから遊びに出かけたのか、はっきりと覚えていないという。そして、どこなのかも曖昧なのだそうだ。それよりも、そのとき起きたことが強烈で忘れてしまっているようなのだ。

お堂などではなく、道端に剥き出しになっている地蔵の前に通りかかった。

一緒にいた友人の一人が奇妙なことを口にした。

「これ、皮を剥がせるタイプだね」

あまりにも意味不明なので、どういうことなのだろうと考えていると、友人は地蔵の後にまわった。つられて鵜飼さんもその地蔵の背中が見える位置まで移動した。

その友人は地蔵の後頭部に手を伸ばした。

何をするのだろうと鵜飼さんはただ見ていた。

石の地蔵の頭部に、その友人の手がまるで豆腐を触っているかのように潜り込んだ。

え？　と驚いてしまうが、さらに驚愕の出来事が続いた。

地蔵の後頭部から縦に切れ目が入っていく。背中から腰、足下まで切れ目が入る。と、友人は両側に開いていって、みごとに一枚のお地蔵様の皮を剥いだ。

そこに立っているお地蔵様は、つるつるになっている。

そんな記憶がはっきりとある。しかし、それはどこにある地蔵なのか憶えていない。

しかも、それをした友達の名前と顔を思い出せないというのだ。

一緒に見たあと二人の友人については、顔も名前もしっかりと憶えている。

ただ、二人とも交通事故で亡くなっている。

三十三　青トカゲ

ある放課後のこと。

当時、高校二年だった枝野《えだの》さんが同じ班のクラスメート達と教室の掃除をしていた。

ガタン、という音で枝野さんはとっさに身を竦めた。

見ると、奥山《おくやま》さんが呆然と立ちすくんでいる。どうやら、掃き終わって机を移動させている途中でそれを落としたようではあるが、なぜそんな風にフリーズしているのかわからなかった。

奥山さんの前にまわって「どうした？」と訊くが、奥山さんは目を合わそうとしない。

というか、急に右の黒目がギュリギュリと不規則に動きだした。

え？　何？　と驚く枝野さんなどお構いなしに、奥山さんは黒目を動かしながら、その目をカッと大きく見開いた。

奥山さんの右の目玉が迫り出してくる。その様が異様で恐ろしい。

とうとう、眼窩《がんか》から目が溢れ落ちた。背後から悲鳴があがる。誰があげた悲鳴かはわからないが、枝野さんにもそうしてしまうのは理解できた。

眼球が抜け、赤い肉が見えていた眼窩が、青くなった。

え？　え？　と思っていると、目の中から青いトカゲが這い出てきた。

うわっうわっと、奥山さん本人も、枝野さんを含む周りの者もパニックになっている。

奥山さんは震える手で眼球を元に戻していた。にゅるりんと目玉は眼窩に収まった。

あのトカゲはどこに行ったのかわからなくなっていた。

奥山さんの右目はちゃんと思い通りに動かせていた。床に落ちてはいなかったので、視神経で繋がっていたのだろうとは思うけれど、あんなになっても元に戻るものだと変な感心をしていた。

不幸なことに、奥山さんの視力は急激に低下し、もう殆ど見えなくなってしまった。

数人で目撃した出来事だけれど、話してもまず信じてもらえないのだという。

三十四　水馬

梶原《かじわら》さんは、趣味といえるのかはよくわからないけれど、気晴らしにときどき釣りに行くのだという。家から十分も歩けば、琵琶湖に出られる。そこでぼんやりと釣り糸を垂れることもあるし、自転車や車を使えば、そこに流れ込む川の一つや、内湖《ないこ》と呼ばれるような、池や沼へも出られる。釣り場にはそんな場所を選ぶこともある。

そうやって釣りをしていると、何度か変なモノを釣ったことがある。

それは小さな馬だ。

拳《こぶし》くらいの大きさしかない。ブルーギルやブラックバスでもっと大きいものがかかって釣り応えでいえばそっちの方が断然良い。が、驚きは馬の方が大きい。

その小さな馬は、釣り上げたときはいつも脚をバタバタさせ、首を振っている。オモチャとは思えない。そんな小さな生物だと思える。が、そんな生き物など知らない。いや、そんなものがいるなど世間では知られていない。

そんな存在が、釣り上げられて逃げようと暴れている姿は、驚きをもたらしもするし、不安な気持ちにもさせる。それで、思考が停止して、唖然としてしばらく眺めてしまう。

何度か経験しているのに全然慣れないのだ。

驚いている間に、馬は糸を切って逃げる。そこで我に返る。いつもいつも、そうやって釣り上げた小さな馬は糸を切って逃げるのだ。

写真も無いし、体の一部も残っていないので全く証拠が無い。一人で釣っているときのことだから、証人もいない。だから、幻覚とどう違うのだと言われても反論のしようがない。

しかも、最近はそんな小さな馬がかかることは無い。釣りに行く頻度は変わっていないが、全然馬は釣れなくなったのだ。

ただ、同じような時期に奇妙なものを見ていたと両親が言っていて不思議に思ったという。梶原さんに小さな馬が釣れていた頃、巨大な侍の顔が寝室の窓から覗くのを両親は目撃していたのだ。何か対策を施したわけではないが、最近はなくなったという。

なんとなく関わりがあるような気がすると言っていて、そう考えるとなんだか不思議な感じがするので、ここに併記した。

三十五　何この模様？　と思った話

霧島《きりしま》さんは、人と話すのは苦手で、慣れない人の前に出ると「すぐにキョドってしまうんです」と仰っていた。しかし、初めてお目にかかったときに、そう言いながらも目をそらすこともなかったし、語って下さる出来事についても流暢な話しぶりだった。話していることと、今の態度の矛盾に気付いたようで、あ、と我に返ったような表情をした。

「えっと、怪談好きだから、特に奇妙な話好きだから……」と言ってから少し考えて話を継いだ。「朱雀門さんはそんな話をしておられるので、よく観ているんです」

テレビやＤＶＤ、ウェブ上に配信している動画を見て下さっているとのことだった。それで、私は見慣れた人になっているようである。非常にありがたいことであり、執筆以外にトークをやってみるものだなと思った。

また、人と話すのは苦手とか、そういう〝人と違う〟し、普段は〝人と話さない〟人物からは、これまでも他では耳にすることはできない珍しい体験を聞けたので、霧島さんにも期待が高まった。

実際、初めて聞くような話を伺うことができた。

それはつい最近のことだという。

その体験をしたとき、霧島さんは直前までの記憶が無いのだそうだ。なぜ、どのようにしてその場所に来たのかも憶えていない。

まず、そこがどこなのかを知ろうという気持ちよりも先に、目の前にあるモノが不快で仕方なかったのだという。

目の前の空中に、奇妙な〝模様〟が浮かんでいた。それが次々と変化していく。どの〝模様〟も、見ていて気分が悪くなる、醜悪な図形である。次々とすごく気持ち悪い模様が目の前に、上書きするように浮かんできて、吐きそうになる。とても気分が悪い。

しかし、そこから離れられない。体が動かせないのだ。ただただ、その不快になる図形を見させられ続けている。

と、頭頂部に穴を開けられたような痛みが走った。頭痛もするが、首や肩に痛みが伝わり、胸や腹を通って足にまで痛みが広がった。それでも体は少しも動かせない。そんな痛みがしばらく続いたあと、上に引っ張られるような感覚があった。

頭の上から中身を引き抜かれるような感じがした。身が引きちぎられるような感覚と、それにリンクする激しい痛みがある。体から〝自分〟を取り出されてしまうような不安があった。取り出されたらどうしよう、取リ出サレタラ厭ダという気持ちになっている。

ぶつり、と引きちぎられたような感覚があった。先ほどまでの不安とは少し異なっていて、自分の体から自分が抜かれたというのではなかった。あくまでも自分は肉体にあって、痛みを感じており、〝何か〟が引きちぎられたように感じたのだ。

何かを失った気がするが、それが何かわからない。ただ、大きな喪失感がある。

それまでが無音だったことに気付いた。不意に音が戻ってきたように感じたのだ。耳から音が入ってきている。それは男性の低い声だった。独特のリズムがあり、それはお経を唱えているのだとわかった。

自分の手には経文を持たされていた。

そこにさっきまであの嫌悪感を覚えさせていた〝模様〟があった。あのときは意味を持たない〝模様〟だったのに、今は漢字であるとはっきりとわかり、読めるようになっている。

同じものを見ていて、その記憶があるのに、あの何かを引き抜かれたような感覚を味わった前後で、それが情報を持たない模様から文字へと、自分の認識が変わっている。その感覚がとても不思議だった。

正気に戻ったのがわかったのだろう、両親が話しかけている。

その後、事情を教えてもらった。

霧島さんは、動物霊に憑依されていたのだと言われた。そう聞いて、なんだかその感覚がわかった。自分の中に、漢字など読めないケダモノが入っていて、それが自分を占領していて、その様子を傍で見ているような感覚だった。

動物の悪霊に取り憑かれていた感覚というのは、ああいうものなのだとわかってまた、ゾワッと鳥肌が立ったという。

三十六　ペットは笑うよね

楠木《くすのき》さんはあるスマホゲームのヘビーユーザーで、家ではもっぱらスマホに向かっているのだけれど、気分転換などでその手を止めたときには、大抵、愛猫のココちゃんに目をやるという。ココちゃんは通常、楠木さんの身近にいるそうで、スマホから目を離すと視界にいる。現在六歳になるというそんなココちゃんに、その日もふと目を向けた。

目を向けるというほど大層なものではなく、楠木さんの腿《もも》の上に載っていたので、スマホから視線を少しずらしただけである。

視線を感じたようで、ココちゃんは楠木さんを見上げた。

相変わらず、愛らしい顔……が、急に歪んだ。

ニヤーリ。

と表現すべきな、何か負の感情を裏に秘めたような嫌らしい表情なのだ。これまでも、また、それからも、そんな表情は見たことが無い。笑っているのに、なんだか、ギョッとする、恐ろしい表情で、寒気までした。

その直後、スマホが振動した。実家からの連絡で、親族の訃報であった。

計良《けら》さんの場合は、愛犬である。

その日は雨だったが、当時二歳だった柴犬の茶々丸くんは、濡れるのなどお構いなしに散歩に行きたがった。実際、かなりの降雨であったけれど、普段通りのコースを通り、早く切り上げるようなことはなかった。

玄関でブルブルと体を震わせて、毛が含んでいる雨水を振るい落とす。それでもまだ濡れているので計良さんはバスタオルでゴシゴシと拭いてやった。

と、満足げにつぶっていた目を急に開けた。

ニヤーリ。

そんな感じの歪んだ、しかし、笑っていると思える表情を浮かべた。

ゾッとして計良さんは手を止めた。

「え？　どうした？　何笑っている？」

そんな頭に浮かんだままの疑問を茶々丸くんに投げかけた。が、きょとんとした表情で計良さんを見上げていた。

計良さんの場合も、それくらいのタイミングで親類の訃報が届いた。

電話を切った計良さんは、

「もしかして、これがわかったのか？」

とスマホを茶々丸くんに向けて問うたが、話が通じているようではなかった。

この話をして下さった計良さんに、前述の楠木さんの話をしてみると、犬と猫との違いはあれど、似ていると興味深げだった。

ただ、訃報について嬉しいわけがないのに、あの表情はどういうことなんでしょうね、と厭そうな顔をしていた。

三十七　墓地の猫

小井戸《こいど》さんが旅行したある町は、猫が多いというので楽しみにしていた。旅行先に決めた理由が猫に会いたいというわけではないけれど、移動中に目を和ませてくれるというのは楽しみだったという。

小井戸さんご本人は、猫派か犬派かと聞かれたらそうですねと考えて猫派かなと答えるくらいの猫への入れ込みであると仰っていた。が、ＳＮＳで使用するアイコンは猫にしているので、たいしたことはないとは言えないと思える。

実際に、その町を訪ねてみると、猫には全く出会わなかった。知人からも、あそこは猫が多いですよねと聞いていたし、ネット検索しても猫が多いと出てくる。それなのに、全く見かけなかった。

情報が古かったのかとも思うし、あんまり他人の話というのは当てにならないものだと思いながら、その日はホテルで寝た。

「猫はお城にいるんだよ」

「猫を見るなら、お城に行かなきゃ」

と会う人、会う人から言われる。

……という夢を見た。

なんとも不思議な夢だなあと思いながら、その町に城はあったっけと検索してみた。かつて城はあったけれど、取り壊されていて、現代になってレプリカのようなものが山に建てられたようである。そのレプリカも、少し前までは観光できたけれど、今は使われなくなって廃墟と化しているという。

その城（のレプリカ）にはもう入れないけれど、近くまで行くことはできるし、外から覗くくらいは可能である。

あの夢を完全に信じているわけではないけれど、なんとなく本当に猫に出会える予感がするし、その廃墟自体も観光に値すると考えて、そこへ向かった。

麓から十五分くらい歩くと、もう廃墟の傍まで来ていた。途中も全く猫には遇わなかった。

その廃墟は、廃墟として立派だった。どうみても廃墟で、廃墟としては非の打ちどころがない。

しっかりとロープが張られていて、簡単には入れない。無理して入る気も起きなかった。

ただ、塀の上からや破損部から覗くことはできた。

塀から顔を出すと、崩れた壁の向こうが見えた。かなり老朽化している。

少し場所を変えて覗くと、ドアが外れていて中が見えていた。その小さな部屋に、猫がぎゅうぎゅうに群れていた。

その群れ方が異常でギョッとした。

猫の上にも猫が積まれたようになっているのだ。部屋の空間を三次元に目一杯使って、猫が隙間なく群れている。下の猫などはどうなっているのかと後からは思ったが、そのときはそんなことを考えている余裕はなく、ただただ呆気《あっけ》にとられていた。

と、無数の猫が一勢に小井戸さんを向いて牙を剥いた。

あまりの恐ろしさに、小井戸さんは背を向けて駆けだしていた。

ホテルまでの道で、何匹も猫と出会った。あれだけ目にしなかった猫が道にも塀の上にもいた。猫が多いという噂が本当だと思えるくらいに出会う。

ただ、厭なことに、出会う猫、出会う猫、みんな毛を逆立てて怒っている。そんなに猫に嫌われる体質でもなかったのに、不思議でもあり、その忌避の態度が攻撃的で、身の危険を感じもして恐ろしくもあった。

その体験の後、小井戸さんは猫アレルギーを発症した。猫の毛でくしゃみが止まらないのだ。実際に触るわけではないから別にアレルギーが出ないので、良いといえば良いのだけれど、なぜかいまだにアイコンを猫にしておられる。

それから、関連性があるのかどうかわからないけれど、小井戸さんの霊感が開花したという。霊が見えてしまうようになったのだそうだ。

この出来事を話して下さったあと、小井戸さんはさらに次のように付け足した。

「この話は〝墓地の猫〟という題にしてくださいね」

「え？　墓地で何かすごい猫でも見たんですか」

私はそのタイトルがなんだか唐突に思えたのだ。墓地の猫という存在に、タイトルにするくらいに意味があるというか、印象深い出来事があったのであれば、それは書いておくべきだと思ったのもある。

「いえ。そういえば別に墓地では猫を見てませんね。でも、ずっと心の中では（この体験を）そう呼んでました」

小井戸さんはそう言いながら、人でも制しているかのように、広げた両手をこちらに向けてとんとんと動かしていた。目はテーブルに落としている。

我に返って、怯えたような目を向けてきた。が、それらの動作についての説明はなかった。ただ、その様子が印象的だったので、言われたままのタイトルを採用した。

三十八　一人と三匹

笹川《ささがわ》さんはロシアにバレエで留学していた。そのときに、同じバレエ学校に通っていた、地方から出てきたというロシア人の女の子が半笑いで話してくれたものだという体験談だが、中身はちょっと笑えないものである。

興味深い話なので以下に紹介する。

その半笑いで話してくれたという女性がまだ地元に住んでいてバレエ学校に上がる前のこと。

近所の男の子達が夜になっても戻ってこないことがあった。確か最年長が七歳で、五歳の弟と、彼らの近所に住むそれぞれ五歳と四歳の少年達、そんな感じの年齢構成の計四人だ。

少し離れたところにある森の方に向かっている姿を目撃されているので、そこで行方不明になったのだろうと思われた。その森で彼らが遊ぶことはしばしばで、目撃者も危険は感じていなかったようだ。

捜索が開始されてから二日後、森の方から行方不明だった少年の一人が力なく集落を歩いている姿が目撃された。最年少の四歳の男の子である。すぐに保護されたが、残りの三人は一緒ではない。少年はなぜか三匹の猫を連れていた。見慣れない猫で、少年が飼っているものではない。そもそも少年は猫を飼っていなかった。

保護された少年は、どこにいたのかということと、他の三人の行方を訊かれた。説明はたどたどしく、意味がわからない部分もあった。が、少年が語った話をまとめると以下のようになる。

四人で森に入ると、いつも目印にしている大きな木まで行くのだけれど、あのときは、いつまで経っても辿り着かなかった。何度も通っているのに、迷ったのかと不思議だったが、いつの間にか道から外れていたと実感した。まずもって、道がないのだ。

周りを見回すと、どの木も同じに見える。脱出しようと、とにかく歩いたけれど、ずっと同じような木々の中。

唐突に、四人の誰よりも小さなお婆さんが木の陰から顔を出した。もの凄くしわくちゃで目か皺《しわ》かわからないくらい。笑うと臭い息がかかって、しかも開けた口の中に互い違いにいっぱい生えている歯が見えて、もの凄く怖い。

自分を置いてみんな逃げ出すけれど、そんな小さいのにお婆さんは簡単にみんなを捕まえて、次々に猫に変えた。

自分だけがそのままで、気付くと森の出口にいた。

……という信じがたい内容だった。

森で迷ったあげく、一人だけになって、真っ暗な夜を過ごしていた。それに、食べるものも飲むものもなく、脳に十分な栄養が回っていない。だから、そんな妄想を抱いてしまったのだ。と、その少年の証言をそのままに信じる者はいなかった。

ただ、いつも行っていたという大きな木については、捜索の足がかりになりそうなので案内させることにした。

その少年は怯えて、「僕をいじめない?」と訊いたという。

実は、その少年はしばしばその大きな木のそばまで連れて行かれて、三人からひどいことをされていたのだとわかった。シャツを脱ぐと痣だらけだったという。

結局、三匹の猫もどこかに行ってしまい、残りの三名は行方がわからないままである。

三十九　オーブもナメてはいけないこと

　肉眼では確認できないのに、写真に撮るとそこにある謎の発光体オーブ。埃《ほこり》や水滴にフラッシュが当たったモノであるなどと、怪異ではなく合理的な説明は可能なのだけれど、〝直接には見えないものがカメラレンズを通すと見えるようになる〟という不思議さはある。それに、案外、そんな写真は撮れることがあるので、「変な写真が撮れた」「どれどれ」などと話題として使え、コミュニケーションにおいてある程度の盛り上がりを形成できる。それで、オーブは認知度が高めだし、一定の人気がある。

ただ、ガチの心霊好きや怪談好きには「所詮、埃やんか」などと馬鹿にされる傾向もある。

　白川《しらかわ》さんの友人に京都のある寺の次男がいた。高校二年の夏休みの終わり、彼の家でバーベキューをするというので、他の友人もお呼ばれした。

駅からも近くて行きやすかったし、境内でのバーベキューは楽しかった。さらに、その寺の跡継ぎであるお兄さんの話も面白かった。

お兄さんは、心霊スポットのマニアで、実際に出かけてはそこで写真を撮り、アルバムにしているような強者《つわもの》なのだ。その写真を見ながら話題は弾む。

意外なことに、今バーベキューをしているこの寺の傍にも心霊スポットがあり、しかも地元でも有名なのだという。

それは近くの雑木林で、そこでは自殺者の遺体が多く見つかっているのだ。

自殺者が身近にいるということは薄気味悪い。それに加えて、そこで撮ったという心霊写真があるのだという。お兄さんはアルバムをめくり、数枚ある〝心霊写真〟を見せてくれた。

しかしそれは、オーブの写ったものだった。

ここで写真を撮ると、このように霊魂が写る。必ず写るのだとお兄さんは力説する。

その写真に写っているオーブは多かったので、そういう意味でのちょっとした希少性はある。しかし、顔が半分だけの女のような怖いものが写っているわけでもなく、空中に巨大な睨む真っ赤な目があるような、あり得ないものが写っているわけでもない。

正直なところ、怖い写真、ゾッとする写真ではなかったのだ。う〜ん。白い埃やん、程度であり、このようなオーブの写真は、流行しているような〝アルアル〟なものだった。ただ、そんな失礼なことは言えないので、無難な社会性を発揮して、すごいすごいと盛り上がった。

そんなイマイチな空気を感じたのか感じなかったのかわからないけれど、住職であるお父さんは、そこへ行かないように窘《たしな》めた。自殺者が何人もいるので、興味本位で近づくのはどうかということである。

カリギュラ効果というのだろうか、禁じられるとしたくなるという心理もあったのかもしれない。お父さんが先に食事を終えて部屋に戻ってから、お兄さんはその雑木林に行こうと言い出したのだ。白川さんは気が進まなかったが、そこの次男である友人も含めて四人の友人は乗り気だった。

寺の傍には用水路が流れており、それに沿って十五分も歩くと、その雑木林はあった。ただ、用水路に阻まれており、入る場所がなさそうに思われたが、実は、無理矢理に開けて作ったような入り口があった。その乱暴さとちょっとした不法性に、行ってもいいのかと不安になる。が、白川さん達はそこから雑木林に入った。

懐中電灯だけを頼りに、真っ暗な中を十分くらい進むと、お兄さんは立ち止まって、ここが写真を撮った場所だと教えてくれた。そこは、実際に自殺者の遺体があった所だった。

その背景を知っているからというのもあるのだろう、白川さんだけでなく友人達もゾッとして、来たことを後悔したという。

ただ、ノリノリのお兄さんはそこで集合写真を撮ろうと言い出した。

気乗りしないだけでなく怖がっているみんなと、一人だけ嬉しげなお兄さんが写真に収まった。

それは普通の写真だった。オーブすら一つも写っていない、非心霊写真だった。

写真は期待外れだったけれど、怖い体験をして、その日は終わった。

しかし、その後すぐに学校が始まっても、その寺の次男は学校に来なかった。担任に訊くと、お兄さんが大変な怪我を負ってしまい、そのショックで登校できないというのだ。それを聞いて白川さんは障《さわ》りがあったのだと恐ろしくなった。

その後、復帰したその友人から、お兄さんの怪我についての恐ろしい顛末が語られた。

あのとき撮った写真が心霊写真ではなかったことに納得できなかったお兄さんは、その写真をプリントアウトした。それを穴が開くほどに確認したという。

二日後くらいにお兄さんが「凄い、こんなん初めてや」と変なことを言い出した。その写真を見せる。

そこに写っているお兄さんの両目から白目が消えていた。目が真っ黒になっているのだ。あまりに不自然な目に、ボールペンで塗ったのかと裏返したりして確認したが、塗ったものではなく、そう写り込んでいるのだとわかってゾッとした。

二日ほど前に現像されたその写真を見たときはそうではなかった。お兄さんの目にはちゃんと白目があったのだ。それがこんな不気味な姿に変わってしまっている。

気を良くしたお兄さんは、彼の友人と一緒に、またあの雑木林に写真を撮るべく向かった。が、一緒に行った友人が一時間ほどして慌てて戻ってきた。

お兄さんが枝で両目を突いてしまったというのだ。お父さんが駆けつけたときも、枝は両目に刺さったままで、もがき苦しんでいたという。

結局、お兄さんの目は光を失った。

そんな恐ろしい顛末を知った白川さんは今でも、あの雑木林に近づくのはおろか、最寄り駅で降りることもできない。

四十　大きな姉

当時、まだ実家に住んでいた住田《すみた》さんが旅行に出かけた。宿泊先は海の近くだった。少し歩けば断崖がある。そこからの眺めが住田さんはなんだか気に入った。

崖は上空から見るとジグザグと手の指のようにいくつもの突端があった。その指と指の間に当たる部分の一つに、女がいた。

それも巨大な女だ。崖下いっぱいに女の体がはまっている。どれぐらいの人に響く喩《たと》えなのか自信はないけれど、敢えて言うと、まるでアニメの『バビル二世』のポセイドンがそこにいるかのような巨大さだったという。

要は巨大ロボットを思わせるくらいにとても大きな女がいて、そんな怪物が少し下から見上げているのだ。

奇妙なことに、その顔はお姉さんそっくりだった。実のお姉さんの顔なのだ。

巨大な姉に驚いていると、スマホが鳴った。思わず身を竦める。厭な予感がするが見るとお姉さんからである。

巨大なお姉さんはまだ崖下にいた。

どうしようかと躊躇《ためら》ったが、後退りしながら電話に出た。

普段通りのお姉さんの声がした。土産《みやげ》に買って欲しいものを注文するというノンキな内容だった。

巨大なお姉さん（に似た何か）は、ざぶん、と海に沈んだ。大きなしぶきがたっている。

電話の向こうから「うわっ、なになになに、凄い音しているけど」とお姉さんの声がする。だからといって、「でっかいお前じゃ」とは言えない。

結局、そのときはそれだけで、もう巨大なお姉さんを見ることはなかった。

なんなのだろうと思うが、あまりにもぶっ飛んだ話なので、お姉さん本人には言わないでいた。

数年後、お姉さんはその崖で自殺した。住田さんが大きなお姉さんを見たことは本人には言っていなかっただけに、その一致にゾッとしたという。

ちなみに、お姉さんの戒名は「〜大姉」ではないかと思って訊いたが違っていた。

四十一　ギガントコップ

とある地方都市の市街地から郊外へ続く国道で、深夜に千石《せんごく》さんが遭遇した出来事である。

そのとき千石さんは車で帰宅中だった。今の仕事に就いて十年は経っているが、深夜にまで仕事が押すのは珍しかった。もう日が変わっており、小学校低学年の息子さんは勿論、奥さんも寝ていることだろう。ちょっと寂しい気持ちもあり、なんだか、暗いところを一人でいることが年甲斐もなく心細くもあったという。

仕事場を出てしばらくは片道二車線ある広い道で、それなりに交通量もあった。が、郊外に近づくにつれ、車の数は減っていった。

向かっている自宅は市街地から外れた集落にあって、あと二十分くらいは走らねばならない。

まだ両側に住宅地があるものの、対向車を見なくなっていた。前にも後にも車はなくなっていた。少し心細さが増した。

もう十分ほど行くと、住宅も少なくなり車線も減少する。

〝まち〟と〝むら〟の境目にいることが意識に上ってきていた。今はまだ、〝まち〟側だった。

右手に小学校が見えた。前方には歩道橋がある。

反対車線に違和感があった。塞がっているように見えるのだ。

トラックが二台、歩道橋に乗り上げているのかと思った。

そうではないとすぐに気付いた。

歩道橋の上に巨大な顔があるのだ。トラックと思ったものは二本の足だった。

巨人⁉

おまわりさん、だと思った。

服装が警官の制服なのだ。

歩道橋の上から覗く巨人の顔が、こちらの驚きを喜んでいるかのような表情を浮かべている。

こっちの車線に来たらどうしようかと思いつつも、千石さんはスピードを上げて通り過ぎた。

ルームミラー越しには歩道橋だけが見えた。巨大な警官（に似た何か）は消えていたのだ。

家に着くまでずっと心臓は激しく脈打っていた。

それから数日後、千石さんはスピード違反で捕まったが、あの巨大な警察官を見たことと関係あるかはわからない。

千石さんが見た巨大なおまわりさんは、見覚えのない人物だった。不思議なことに、誰か特定の人を見たというような感じではないという。警官のAさんのような個人ではなく、おまわりさんという職業が人の姿をとったような、〝警官の精〟のような印象を持っているというのだ。その点が面白い。

この体験を聞いて〝大山伏の怪〟という江戸怪談を思い出した。文字通り、巨大な山伏を目撃するというものだ。特定の家に現れて、それが予兆となっているという話であり、ここで紹介した現代の体験談の直接的な類話というわけではない。けれど、特定の、それもちょっと特殊な職業の人の巨大なものというジャンルでもあるのかと思わせるのだ。

大山伏の話は現代では聞かない。が、古くは結構見かける。それで、ちょっとした妄想ではあるけれど、実は同じ者が、時代に合わせて、方や山伏、方や警察官として違ったように見えてしまっている、あるいは、解釈されている、とらえられているように思えて、興味深い。

四十二　自動車トーマス

友人の家で談笑していて、さて、夕食にでも出かけようと曽根《そね》さんは部屋を出た。エレベーターを降りて、駐車場に出る。そこに友人の車があるのだ。その車のボンネットに、あろうことか人間の顔が見えた。ボンネット全体が顔なのではなく、誰か知らない男の顔が貼り付いている。そんな奇っ怪なものを目にして、曽根さんは、うわっとのけぞった。

その顔は絵ではなく、立体的で薄く呼吸しているように思えた。しかし、無表情なので、何かを考えているのかわからない。錯覚ではなくはっきりと、そういう顔が見えていて、曽根さんは恐ろしくて近づけなかった。

自分の車を目にして曽根さんが驚いているのがわかって、「どうしたのか」とその車の持ち主が問うた。それで、ボンネットにあるその顔は自分にしか見えていないのだと曽根さんは悟った。

なんと答えるべきか。非現実的なビジョンについて語っても信じて貰える自信は無いので迷ったが、正直に見えたままを口にした。

と、その友人は「自動車トーマス」と車のボンネットを指さした。実は見えているのではないかと思えるほど、指は的確に顔を指していた。

あまりの意外な行動と言葉に、曽根さんは噴き出してしまった。恐ろしさがほぐれて「トーマスには全然似てないんだけどな」とツッコミまで入れた。

顔が消えていった。

なんの感情も浮かべない、そんな無表情のままだったが、顔が薄まって消えたのだ。友人のふざけた言葉に怒るでもなく、しかし、タイミングから考えて、その言葉を受けて消えたように思えた。

とても意外だった。しかし、笑い飛ばすという行為には効果があるのだと思えた。友人も顔が消えたことと、その考察を聴いて少し得意げだった。

夕食を終えて、そこから友人の家に帰るまでも、車に顔が出現することは勿論、奇怪なことは起きなかった。なぜ現れたのか、なんだったのか、不思議ではあったが、結論は出なかった。

その夜、曽根さんは帰宅した。

駐車場に愛車が見える。と、曽根さんの車のボンネット中にベタベタベタベタと無数の顔があった。男女の無表情な顔にぞわりと総毛立った。

四十三　ウォーキングベッド、中身はデッド

看護師の谷垣《たにがき》さんが、先輩と深夜に病棟を見回りしていたときのこと。

明かりを消した廊下の奥に、ベッドが出ていた。そばの部屋から出されたのだろうか。患者が勝手にそんなことを……と先輩と訝しんだ。

そのベッドがこちらへ歩いてきているのに気付いた。滑っているのではなく、獣のように脚を動かして進んでくるのだ。思わず、先輩の腕を掴んでいた。

ベッドの移動スピードが普通の人が歩く速さなので、すぐに距離が縮まった。それを二人で唖然として見ていた。

ベッドに白髪頭が見えた。誰かが寝ていると気付いて我に返った。

と、同時にベッドは消えていた。

先輩と顔を見合わせた。同じことを考えているようだ。先輩もほぼ同時に、傍の個室

に足を向けた。

そこのベッドが揺れている。白髪頭だけが見えている。そこで横になっている患者さんが苦しんでいるのではないかと駆け寄った。

ベッドが小刻みに揺れているけれど、患者さんの体は動いていなかった。その年配の男性は、すでに息をしていなかった。

さっきの歩くベッドの中に寝ていた人物の顔は確認していないけれど、白髪頭がそっくりというだけで、もう同じ人物だと思えて、鳥肌が立っている。

そんな遺体を乗せてベッドが歩いているのを見たのは、まだその一回だけである。

四十四　腕ごろごろ

地井《ちい》さんは、知らない部屋の呼び鈴を押していた。

それまで意識を失っていたとしか思えない。気付くとそこにいたのだ。しかし、呼び鈴を押しているというのは、その家の者をわざわざ呼び出すことであり、初めて来た部屋でそんなことをしているのは、とても迷惑なことだとわかる。

これは住人が出てきたら、平謝りに謝るしかない。そう覚悟を決めたが、誰も出てこない。中から動く気配もしない。

これは留守なのではないかとホッとした。

ガチャリ。

とノブが回って、ドアがこちらに開いた。

虚を衝かれて、地井さんは少し飛び上がった。

が、中からは誰も姿を見せない。

おそるおそるドアをもう少し開いてみた。が、ドアの向こうには誰もいなかった。確かにドアノブは回っていた。だから、向こうからノブを回した人物がいたはずだ。その人物はドアをこちらに押し開けてもいる。

さらに中を見てみると、左は壁だったが、正面から右手はキッチンが広がっていた。が、そこにも誰の姿も無かった。

キッチンといってもシンクが見えるだけで、テーブルや椅子、食器棚などはない。かわりに、〝くの字〟に曲がった棒状のものがみっしりと床を覆うように転がっていた。

〝棒〟の片方の先に五本の指が見えた。指が備わった手だとわかった。

腕が落ちている。無数の棒だと思っていたものは、どれも腕だったのだ。

手の反対側は切断面だった。でこぼことした赤い肉の間から骨が突き出している。千切られた腕だと思えて、それ以上見ていられず、その場から駆け出していた。

落ち着いてから、警察に通報した。

そこは地井さんの家からは二駅も離れている住宅地にあるマンションの一室だった。見覚えもないし、親類はおろか友人知人ですら住んでいない。なぜそこに来たのかもわからない。

そして、警察官と一緒に確認したのだけれど、その部屋には腕など無かった。痕跡すら無かった。そこは長らく空き部屋で、人が勝手に入っていた形跡も無かった。見間違いであるということが気まずかった。それよりも、なぜ空き家に入ったのかと問い詰められたくらいである。

その部屋は過去に遡《さかのぼ》っても、切り落とされた腕が放置されていたという事件は起きていない。傷害事件すらないようだ。

ただ、なぜか、その部屋には人が居着かないのだという。この情報を聞き出せた別の階の住人は、おそらく、隣の住人には地井さんがチャイムを押していたのはわかっていて、でも、気持ち悪いので声をかけなかったのではないか、とも言っていた。

もうその部屋とは関わらないようにしようと強く思ったけれど、何かあるのではないかと怖くて仕方がない。今のところ、一応、腕の怪我にはとても気をつけているという。

四十五　血の涙

鶴見《つるみ》さんという三十代後半の主婦の方から伺った話である。

同衾《どうきん》している旦那さんが、ひどく魘《うな》されることがあるという。あまりにも苦しそうなので、起こすようにしている。

不思議なことに、そのときに見ていた夢のシチュエーションがいつも同じなのだ。車に轢かれて、ある道路に倒れる。そして、痛さで苦しんでいるというところが同じなのである。旦那さんをはねた車種や誰といるのかなどのシチュエーションは夢ごとに異なる。

それから、目が濡れているので、拭うと手が赤く染まり、涙だと思っていたのが、血だったのだとわかり、ゾッとするという点も共通していた。

あくまでも夢であり、過去に起きたことの再現でもないし、今のところ、実際に起きてもいない。だから、ずっと心配していることがあって、それが形を変えてこのような夢として出ているのではないかと思うことにした。

確かに、旦那さんは仕事そのものや職場での人間関係で悩んでいて、どれが該当するのかわからない。原因は、そのすべてかもしれないし、どれか一つかもしれない。いや、どれも関係ない可能性だってある。だから、良い解決策などないままであった。

あるとき、鶴見さんは旦那さんも交えて知人と世間話をしていた。健康の話から睡眠の話になり、話題は旦那さんの魘されているときに必ず見ている夢の話になった。

不思議なことに、その知人も同様の夢を見て、しかも、魘されるのだという。

車にはねられ、道で苦しむところも同じで、目から流れる血が怖いのだと共感しあった。

薄気味悪いことに、事故に遭うその道路も同じだった。その道路は、そのときに話していた場所から近い。それどころか、帰りに鉄道を使うのだけれど、駅までの道で通ることもできる。

厭な予感がするので、鶴見さん達は敢えてその道路は使わずに、ちょっと迂回することになるが、別の道を使うことにしていた。

話も終わり、一緒に駅まで歩いていると、偶然、交通事故の現場に出くわした。あの道路ではないけれど、少し前に男性が自動車に轢かれていた。

すでに救急車が呼ばれたということだが、道路で横たわるその被害者は苦しそうにうめき声を上げていた。

旦那さんは鶴見さんと知人の顔を交互に見返していた。

旦那さんと知人は頷き合うと、ゆっくりと被害者に近づいていった。後から鶴見さんとも続く。

倒れている被害者の目は、涙を流したように血に濡れていた。

四十六　嘘つき兄さん

鉄橋《てつはし》さんは大変正直であり、その部分は美点だと思えるのだけれど、その反面、不正直は許せない性質《たち》だった。嘘を吐《つ》くのも吐かれるのも大嫌いで、それは自分でも病的かもしれないというほどだった。

その晩、鉄橋さんの部屋にお兄さんが泊まった。当時、心配事があって、それで頭を悩ませていることにお兄さんが気付いて、事態を収めてやろうと来たのだ。

お兄さんは鉄橋さんのベッドで、鉄橋さん自身はソファで就寝した。ベッドとソファの間には、ちゃぶ台があった。

二人とも、日が変わる頃には完全に眠っていた。

妙な気配を感じて鉄橋さんは目覚めた。あれだ、と思った。ベッドに顔を向けると、ベッドと壁の間に、あの男が立っていた。男を透して壁が見えている。頭から血を流している。この世のものではない。

「あんた、生きてるよ」

お兄さんも起きていて、そいつに向かって話しかけた。

顔面が血塗れのその男は、ハッと何かに気付いたような表情をすると、嬉しげにお兄さんを見下ろした。ベッドもちゃぶ台も空気のように通り抜けて、鉄橋さんに近づいてくる。何ごとかと身を竦める鉄橋さんの頭の上を通って、ドアに向かった。その〝幽霊〟は壁をすり抜けたりはせずに、ドアを開けて出て行った。

開いたままのドアが妙に恐ろしかった。

実は、鉄橋さんが困っていたのは、まさにその幽霊の出現であった。が、それ以来、出てくることはなくなった。

あのベッドで寝ていると、週に一、二度くらいの頻度で金縛りに遭い、あの幽霊を見ていたのだ。知らない男で心当たりはない。この世のものではない者に遭うことも、金縛りにも慣れることはできず、恐ろしいし、それが消えて金縛りが解けた後は異様に疲れて、その疲れもなかなか抜けないのだった。

しかも、その男は、現れるだけでなく、必ず話しかけてきた。

「俺、なんで死んだ？」

と訊いてくるのだ。その男のことなどわからない。正直に、わからないと答えると怒りに顔を歪ませて首を絞めてくるのだった。息苦しくて意識を失くすのだけれど、幸いにも死ぬことはなかった。ただ、そのせいで寝ても体が休まらないのだ。

その男が〝自分はなぜ死んだのか〟を訊いてくることは憶えている。おそらく、それに答えれば満足して出てこなくなるのではないかと思える。

調べてみると、鉄橋さんの住むその部屋で死んだ者はいない。

なぜ、鉄橋さんの前に姿を現すのか全くわからない。そもそも、あの男は誰なのかを特定しなければならない。しかし、そこで躓《つまず》いた。まず、あの男の顔を思い出そうとしても思い出せないのだ。見たときには、あ、コイツだと思い出すのに、すぐに忘れてしまう。というか、憶えられないと言った方がいいのだろう。そうだから、その男のことを調べることができなかった。

そんな悩みを、お兄さんは「あんた、生きてるよ」という虚偽の言葉で納得させてしまったようなのだ。

鉄橋さんはお兄さんのいい加減さに、ちょっと怒っている。不誠実であると。
感謝は勿論しているが、「あれはない」と頑《かたく》なであった。

四十七　ビニール紐の話がとても怖いという話

藤堂《とうどう》さんは怖い映像作品にハマった。ホラー映画のようなフィクションも観るが、ノンフィクションという触れ込みの心霊ルポ的なものや、実話怪談の語りなどの〝実話〟的なものが好みだった。かなりの時間をつぎ込んでいたようで、友人には、「そんなのばかり観ていたら寄ってくるで」と注意されるほどだった。

そんな中、伝説の、あの〝ビニール紐〟の映像がとても恐ろしいというので、観たくてたまらなくなった。

それは探偵ナイトスクープという番組のある回のものだ。この番組は視聴者から、依頼を受け付けて、レギュラーの芸能人が探偵としてそれを調査するというもので、〝ビニール紐〟と言えばわかる恐ろしい回があるのだ。

それは、「謎のビニール紐」として一九九二年三月二十日にオンエアされたもので、内容はこうだ。

ある町の電柱にスズランテープが巻かれていて、誰がいつ何のためにしているのかわからなかった。町中にあって、気になるので調査して欲しいというので、番組が動いた。結局は、誰の仕業かわからず、勿論、理由もわからないのだが、巻いてあった紐を番組中に取り外して、しばらくしてそこに戻ると、もう新しいテープが何者かによっていつのまにか巻かれていたので、探偵はゾッとして、そこで調査を打ち切るというものだった。

探偵ナイトスクープは人気番組であり、ＤＶＤが発売されていた。レンタルビデオ店に行くと、そのビニール紐の回が収録されている巻があった。それはすぐにわかった。何しろ、『探偵！ナイトスクープＤＶＤ Vol.13「謎のビニール紐」編』というタイトルが堂々と付いているのだ。

藤堂さんは早速そのＤＶＤを借りて、ワクワクして部屋で再生した。

予備知識はあったものの、謎が有する面白さだけでなく、こんな奇行に走る謎の人物に狂気を感じて恐ろしくなってきた。最後の、外した筈の電柱に、新たにビニール紐が結ばれていたのを目にして、藤堂さんはゾワリと身に鳥肌を立てた。

「これ、怖いね」

と話しかけられた。

一人暮らしの部屋なのに、知らない男性が体を接していた。怯えたような表情で、自分は怖がっているのだというのを訴えかけてきている。

ヒイッと、藤堂さんが声をあげると、その男はビクッと身を竦め、映像が消えるように姿が見えなくなった。

住んでいる部屋は事故物件ではなく、幽霊が出るという話は聞かないし、それからその男を見ることはなかったが、彼は幽霊だと思った。そして、ビニール紐の話は幽霊も怖がる〝本物〟なのだと感心した。

四十八　山の墓地で歌うもの

梨本《なしもと》さんの家は小さな山の中腹にある。周囲には家はなく、小さいけれど向こうは見通せないくらいに木々が茂った森の中に建っているのだ。森の向こうには神社や寺院もある。ただ、墓地は梨本さんの家の裏にあった。

あるときから、深夜に裏の墓地から歌声が聞こえてくるようになった。演歌っぽいメロディーで、演奏はついておらず、所謂《いわゆる》アカペラだ。男性の声も女性の声もあったので、特定の人物が練習しているのではなさそうだ。しかし、なんらかのグループというか、サークルのメンバーが入れ替わりに練習でもしているのかと思えた。

深夜ではあるけれど、小さく聞こえるので迷惑というほどではない。それでも、誰がなんのためにしているのだろうかと不思議だった。まずは誰なのか見てみようと思い、歌声を頼りに梨本さんは家を出た。

墓地の近くまで行き、懐中電灯を向けると声は止んだ。墓地に入ってぐるりと照らすが人影は無い。歌声の主が見当たらないのだ。逃げていったならば、その姿というか影くらいは見えるはずだったが、それすら見えなかった。元から人などおらず、歌も空耳だったのか、それとも歌っている者はいたけれど幽霊のように消えたのか。

空耳とは思えないし、場所が墓地だけに幽霊を疑った。

薄気味悪い心地で、墓地に背を向けて自宅へと足を進めると、背後から大勢の笑い声がした。ゾッとして反射的に懐中電灯を向けたが、人の姿は目に入らない。

暗闇から声が響いてきた。それも複数だ。それは歌になっており、合唱していた。負けるもんかと照らしながら墓地の中を照らして歩いたが、確かに合唱は聞こえるのに誰の姿も見えない。

怖いというよりは、悔しい気持ちが勝っていたという。しかし、歌声はするのに、結局その主の姿を見ることはできなかった。それで、姿を見るのは諦めて家に向かった。

不思議なことに、家に入り玄関でドアを閉めると、ゾワっと寒気がした。自分を見えない者達が取り囲んで、馬鹿にしたように歌っているビジョンが頭に浮かんだのだ。悪意のある笑い。そんなものがイメージできてくると、怖さが湧き上がってきたという。

翌日、裏の墓地では墓石がいっぱい倒れていた。昨夜の出来事と関係がありそうで、またゾワっとした。

四十九　変だよね

西田《にしだ》さんが大学三年の頃のこと。

その曜日は、昼休みの次の講義は履修していないけれど、その次の講義は必修なので出なければならなかった。午前中の講義に出ると、昼休みとその次の講義時間は閑《ひま》なのだ。

西田さんは大抵はロビーでスマホを弄っていたが、その日は同じ境遇の友人達五人で、時間つぶしに近くのファストフード店に歩いて出かけた。

銘々が飲み物などを買ってだらだらと世間話をし、良い息抜きができた。そろそろ、必修授業が始まるなと外に出て、大学を目指す。

と、向こうから布谷《ぬのや》くんがやってくる姿が見えた。

おかしい。

今、大学に向かうメンバーにも布谷くんがいるのだ。そんな異変に他の友人達も気付いた。

「え？　あれって……」とざわついている。

当の本人である布谷くんも驚いている。

西田さんは自分の目を疑った。

布谷くんの姿が薄くなっているのだ。それは向こうから来る方ではなく、さっきまで一緒に会食して、今も近くにいる方である。

「え？　え？」

と騒然となる中、傍にいる方の布谷くんが消えていた。

向こうから来ていた布谷くんは、西田さん達の前に到達していて、「変だよね」とだけ冷静に口にした。きびすを返し、先頭に立って大学に向かって歩き始める。

我に返ってみんなも一緒に歩き始める。が、西田さん達をはじめとしてみんなは気が気でない。

そこからの布谷くんは普段の通りだった。

しかしあの出来事は、偽物に置き換わったみたいであった。ずっと一緒に行動していた方が消えて、あとから来た者が残ったのだ。

だけれども実際には、一緒にいた方が偽物で、後から本物が来たみたいになっている。

印象は……と言おうか、気持ちの面ではと言おうか、布谷くんを除くみんなは、布谷くんが偽物に入れ変わった感じがしている。

ただ、面と向かって「お前、ニセモンだろう?」と本人には言えないでいるのだという。

五十　黒い命

　この話をして下さった禰寝《ねじめ》さんは、長く市役所にお勤めで、そう言われるとなるほどと思えるお堅い感じの雰囲気を持っていた。話を聞いてみてもきっちりした方という印象を持った。

　そんな禰寝さんを異様に恐れる人々が一定数いるという。

　すれ違いざまにひどく怯えた表情をする人がいたり、慌てて距離を取る者もいる。

　一度だけ、路上に敷いた段ボールに横になっている男性が逃げていったこともあるという。偶々《たまたま》その近くで現在位置を確認しようと立ち止まってマップアプリを操作していただけだったのだ。それには一緒にいた奥さんも驚いていた。

　また、居酒屋で友人達と飲んでいるときに、離れたテーブルで怒声が上がった。何か気に入らないことでもあったのだろう。四十代前半くらいで、だらしない身なりをした男性が、酔っているのか理性というか知性をなくしたような暴力的な目の色をして大声を上げていた。

店員に怒鳴《どな》っていただけでなく、近くの客にも絡み出した。

禰寝さんは、うわ、厭だなと思っていた。しかし、関わるのも厭だし、でも気にはなるので横目で見ていた。

と、その男と目が合ってしまった。禰寝さんが身を竦めるよりも早く、その男はギョッとした表情をした。禰寝さんから目をそらすと俯いて、怖い怖いと小声で言っているのが耳に入ってくる。

突然温和《おとな》しくなった男に、周りが驚いている。禰寝さんはまたこの男性も自分を怖がっているのだと思えたが言い出せなかった。

男はなおも怖い怖いと呟きながら店を出て行った。

そんな風に、人が多い中で暴れたり、大声を上げている者はだいたい、禰寝さんを恐れるような気がするのだという。暴れてはいない者も怖がることはあるけれど、逃げていく人々に、なぜ禰寝さんを恐れるのかとは訊けない。それだけに、なぜなのかと不思議でもあり、ちょっと怖くもあった。

ただ、理由のような言葉を聞いたことがあるという。

それは、電車の中でのことだ。例によって、大声を上げている者に遭遇した。その男性は禰寝さんの隣の車両で大声を上げていた。その内容は意味がわからなかったのもあって、禰寝さんは憶えていない。

そのときは、暴れる人には怖がられてしまうようだという自分の奇妙な性質を確かめたい気持ちが湧いて、禰寝さんはその叫んでいる男の車両へと足を向けた。すでに男の周りには空間ができていた。

その車両に足を入れる前に、その男がこちらに目を向けた。息を呑むのがわかった。男は怖いものを見るような目をして温和しくなった。

禰寝さんは構わず足を進めた。男は顔を引き攣《つ》らせてこっちを見ている。近づくと泣きそうな顔をしていた。

なぜ怖がるのか問うた。が、ごめんなさい、もうしませんと謝罪の言葉を述べるのみだった。

「そうじゃなくて、怖がる理由……」

「あなたは黒い命を殺し過ぎてるんです」

「黒い命？」

意味がわからずに聞き返すが、男は涙を流してただただ嗚咽《おえつ》している。

自分を見ている周囲の視線に、禰寝さんは我に返った。なんだか、ばつの悪いような気持ちになって、元の車両に戻った。

禰寝さんのことを怖がる者達の理由がすべて禰寝さんが「黒い命を殺し過ぎている」からなのかどうかはわからないが、そう表現したくなる何かではないかと思えた。

しかし、黒い命を殺していると言われても身に覚えが無い。殺しているだけでなく、殺し「過ぎている」のだ。

そもそも、黒い命とは何なのかわからない。

私は人物を怖さで判断したり、分類することはないから、正しい判断かどうかはわからないけれど、私から見て禰寝さんは〝普通〟である。少なくとも、怯えたり泣いたりするほど怖くはない。禰寝さんを見ただけで「黒い命を殺し過ぎている」という考えが浮かんだりはしない。

そう告げると、多くの人は私と同じ意見だという。ただ、

「会ってみて怖い感じの人だと言う人はなんだか〝敏感な人〟ですね」

と禰寝さんは苦笑いした。

「ああ、私は鈍感なんですよね」と返すと、禰寝さんは、あはは、と声を出して笑った。

「そうじゃなくて、なんというか……」と禰寝さんはちょっと考え込んでこう答えた。

「ちょっと心が不安定な人ですよ」

禰寝さんの言いたいことがわかった。それで私が頷くと禰寝さんは言葉を継いだ。

「そう、店で暴れたり、電車で叫ぶような……。あ、それから〝見える〟人が私を怖がるような気がします」

五十一　塩風呂

法水《のりみず》さんが出張で、あるビジネスホテルに泊まったときのこと。

そのホテルではテレビが点きっぱなしになっていて、ホテルの情報が表示されている。画面の下部にはＷｉＦｉのＩＤとパスワードが表示されている。

法水さんはテレビなど観ずにもっぱらスマホを眺めているので、テレビ画面はそのままにしていた。

突然、ガガガガガという、それまでスムーズに流れていたものが引っかかってしまったような音がした。音源はテレビの方からなので、そちらに目をやると、画面が激しく振動していた。

これはどういう不具合なのかと、不思議にも思うし、何か不正な操作でもしてしまったのかもしれないと、ちょっと怖く、そして不安にもなった。

画面が消えた。が、それは一時的なものだった。

一旦真っ暗になった後、次に青バックに黄色い文字で「塩風呂は０：００から」と横書きで表示された。

その字が現れてからずっと、キーンという高い音が鳴り続けている。

なんだこれは、と少し動揺したが、しばらくして元の画面に戻った。

気持ちが落ち着いてきて、今の事態について考える余裕が出てきた。

まず、塩風呂って何？　と思うが、別に入りたいわけではない。そう思い至ると、それ以上気にする必要を感じなかった。それで、食事に外出した。

出かけた時刻も遅めだったこともあるし、だらだらと酒を呑んだこともあって、帰ってきたのは零時の少し前だった。

もうあの〝塩風呂〟のことはすっかり忘れていた。部屋に備え付けの風呂に入った。

シャワーを浴びていると急に海のにおいがする。

塩風呂のことが頭をよぎって、思わず「あっ」と小さく口から漏れた。

浴びているシャワーの湯を舐めると塩味がした。なんだか気味が悪い。

シャワーを止めたが、濡れた体はベタベタしている。

バスタオルで拭きながら、フロントに電話した。「塩風呂って何だ。そんなのは要らない。普通のお湯にして欲しい」という旨を伝えた。

が、相手からは塩風呂とは何なのでしょうかと訊き返される。

これはおかしいと思いながら、「湯が塩水になっている」旨を説明すると、すぐにフロントスタッフが飛んで来てくれた。

しかし、そのフロントの人と確かめたシャワーからの湯は、もう真水になっていた。

ただ、まだ肌がベタベタしている。それをたてに苦情を言うと、フロントマンもそれ以上は反論せず、古い水でも出たのだろうかと謝った。

「もう真水なので、部屋はこのままでいいです。この湯でシャワーを浴びます」という考えを伝えて、二人で風呂場から部屋に出た。

キーンという音がしていた。

とっさにテレビに目をやると、青バックに黄色い文字で「血風呂は2：00から」とあった。

フロントマンと、うわっ、と顔を見合わせた。

部屋を変えてくれたが、その部屋に行く途中で「あの部屋で誰かが死んだとかないんですけどね」と首を傾げていた。

チェックアウト時にはあのフロントマンが応対してくれた。

「ご迷惑をおかけしました。ああいうことは初めてです」と割引券をくれた。そして「あの部屋で誰かが死んだとか、本当にないんですけどね」と、また首を傾げた。

五十二　先生が首を吊っています

浜村《はまむら》さんという四十代後半の方から伺った話である。

中学の頃の、ある放課後のこと。水泳部に所属していた浜村さんはプールサイドで部活をしていた。もう年の暮れも近いという寒い時期で、泳ぐことはなかったが、部活自体は休みではなく、ランニングや腕立てなどのトレーニングをしていたのだという。

顧問をしていた氷川《ひかわ》先生は水泳をしていたわけではなく学生時代は柔道をしていたそうで、夏よりもむしろ冬のトレーニングの指導の方が力が入っていたという。

細身で強いて言えばイケメンの部類なのだけれど、そんな優男《やさおとこ》に見えて、実態はサドが入ったようなしごきをしていた。その日も、五百回のスクワットで疲れたと音を上げていたところに、追加の二百回を言い渡されて、浜村さんは心の中で先生への呪いの言葉を吐いていた。

ガガガガガー。

というノイズが唐突にスピーカーから流れた。今から校内放送が流れるのだ、と浜村さんはそう予想した。その予想は当たっており、実際に放送が流れるのだけれど、その内容は意外すぎた。

「氷川先生が職員室で首を吊っています」

明瞭な女生徒の声だった。ただ、誰だとは特定できない声だった。

周囲がざわついた。そのざわめきには浜村さんの声も混じっていた。

そうなるのは理解できる。とても正常な放送とは思えない。しかし、ちゃんと聞こえたという者と、単なるノイズだったという者がいた。

当の氷川先生には、はっきりと聞こえていた。先生は部員を見まわして、

「ちょっと、放送室に行ってくる」

と告げてプールを出て行った。納得できる行動だった。ただ、浜村さん達、水泳部員は誰も付いて行かなかった。誰なのか知りたい気持ちはあったが、生徒の自分達が行くのはどうかと思ったようである。だから、そこからは先生からの伝聞になる。

放送室には誰もいなかった。すでに他の先生は駆けつけていたけれど、その先生が着

いたときにはすでに誰もいなかったという。

あんな放送をしたのは誰なのか、先生も生徒も見当がつかなかった。しかし、悪質なので、犯人を突き止めて指導しなければならないということになっていた。

結局、誰の仕業かはわからず終《じま》いであった。

その騒ぎは時が経つにつれ忘れられていった。

半年後のことである。

首吊り、が起きた。

氷川先生ではない。職員室でもない。

その中学の先生ではあるけれど、氷川先生と同じくらいの年齢の女の先生であった。

一人暮らしの自宅で首吊り自殺をはかったのだ。

人気があって、浜村さんも好きだっただけにとてもショックだったが、さらに追い打ちをかける事実を知った。氷川先生と不倫関係にあって、それで揉めての死であったのだという。

五十三　どこでもドア

伏見《ふしみ》さんがまだ小学生の頃のこと。

当時住んでいた家を改築することになった。その日は工務店の人々は休みなのを良いことに、伏見さんは解体中の家でこっそりと遊ぶことにした。当時、仲の良かった蛇塚《へびづか》くんも面白そうだと一緒だった。

ある部屋のドアだけが、ちょうど壊されずに残っていた。まわりの壁はすっかりと取り除かれていて、まるで〝どこでもドア〟のようだった。

蛇塚くんもそのシュールさが気に入ったようで、

「どこでもドア〜」

とドラえもんの声真似をしながら、ノブに手をかけてドアを開けた。

蛇塚くんは、嬉しそうにそのドアを通り抜けた。

が、その姿が一瞬で消えた。

まるで本当のどこでもドアのように、蛇塚くんがドアのあちら側の世界に行ってしまったように思える。

伏見さんはドアを通らずに反対側に回った。しかし、向こう側からもこちら側からも蛇塚くんの姿は見えない。

ドアを潜ればあっちの世界に行けるのだろうと思えるが、伏見さんには怖くて試せなかった。

怖くなって、そのことを長い間、大人には言い出せなかった。

この記憶は幻覚というか、他のもっと恐ろしい真相を隠すための偽の作り物のように思えもする。が、だとしたら何があったのか、それもわからない。

本当に起きていたことだと思えもするし、そうではない気もするが、そうだとしても真相はわからないのだ。

ただ、蛇塚くんはその日からいなくなって、未だに行方不明である。

五十四　×

×というサブタイトルは自由に読んで貰えたら、と思う。「バツ」でも良いし、「ペケ」でも良い。「エックス」でも、なんなら「ダメ」と読んでも問題ない。それ以外のオリジナルな読み方でも結構である。読み方などは定めず、そういった記号なのだと理解して頂いても構わない。

このサブタイトルが表すところは絵に近い。記号とも言える。斜めに交差した二本の線分を表現しているのだ。それは、これからご紹介する出来事の中で出てくるものであり、それを書いた者にとってはなんと読むのか、こちらからはわからない。いや、読み方は存在しないのかもしれない。ただ、意味はあるだろう。といっても、どういう意味なのか。そういった〝正解〟は不明である。体験者は「バツ」だとか「バツじるし」と呼んでおられた。が、「確かに、あれを書いた者は何と呼んでいるのかわかりませんね」

と仰った。だから、以下、本文中でも出てくる×についてご自由に読んで頂ければと思う。

ホウスケ兄さんと呼んでいた失踪した従兄《いとこ》の家に、前野さんは従妹《いとこ》のミアイさんと二人で出向いた。

そこは当時、空き家になっていた。その五年前に父方の叔父の一家は、そのホウスケ兄さんを残して、短期間で次々と鬼籍に入った。前野さんの父のすぐ下の弟である叔父がまず、職場で扱っていた製品の製造段階で使用する薬物によって中毒死した。次に、奥さんにあたる叔母が運転中に追突されて死亡、一家には年子の息子が二人いて、次男にあたる従兄がトラブルで殺害された。それで一人残された長男であるホウスケ兄さんが、失踪するまでは一人で住んでいたのだ。

そこは郊外にある上に、最寄り駅からは離れているので、都市部に通勤するには少々不便ではあるけれど、商業施設は割と近く、日常生活には不便はなかった。むしろ、雑然とした住宅街とは違って、住み心地は良いと叔父一家は喜んでいたほどだった。それもあってホウスケ兄さんは独りになってもそこに住み続けていた。

まだ家族で住んでいた頃から、ホウスケ兄さんはオカルトにハマっていて、怪しげな呪具や書籍を蒐集《しゅうしゅう》していた。彼が突然失踪した理由は今も明らかではないが、そんな怪しげな思想の影響で頭がおかしくなった（オカルト好きからすると少々失礼かと思える考え方だけれど、世間とはそういうものかとも思える）とか、蒐集品の中の呪われたアイテムによる祟りが原因なのではないかと親戚の間ではささやかれていた。そんなないささか無責任な無駄話の中で、こんな話題が持ち上がった。

「あそこには高額な本がある」

というようなことを言い出したのは父方の伯母だったそうだ。ホウスケ兄さんという甥もいなくなった弟一家の空き屋敷に未だに残っている蒐集品には、売ると良い金額になるものがあると言い出したのだ。それも、書籍なのだという。

「他のガラクタの中にも骨董品？　とかあるかもしれないけどね。でも、なんか、雰囲気のある洋書があったはず。あれは売ったら良い値になるんじゃない？」

「ほんとに？」

と目を輝かせたのが、その伯母の娘であるミアイさんだった。

「じゃあ、行こう」と横にいた前野さんの袖を引っ張った。

「今から⁉」と前野さんはミアイさんの常識の無さの中に香る、微かな狂気への危惧を覚えながら、直接の非難は避けて、無難に驚きを表現していた。もう二十三時を過ぎていて、今から車で出かけると確実に日を跨ぐ。

「善は急げ」とミアイさんは明るい顔を向けた。前野さん曰くそのお顔が悪魔的に可愛かったのだそうだ。「……というかグズグズしていたら誰かに盗られるよね」

特に翌日は用事もなく、ミアイさんに良いところを見せたいという気持ちもあって前野さんは件の空き家に向かった。

奇妙なことに、何度か行った家なのに、途中で道に迷った。進んでいる風景に見覚えが無いのだ。運悪く、前野さんの車にはカーナビが無かった。それで、ミアイさんにスマホの地図アプリで確認してもらうことにした。

「なあんだ。これで、合ってるよ」と可愛い声で現状を教えてくれる。「久しぶりだから町並みが変わったのについていけないだけじゃない？」

そうかなあ？　と前野さんは首を傾げるも、地図を見て彼女がそう言うのだからと納得した。

「でも、あれ」とミアイさんはガラス窓の向こうを指さしている。「あのお地蔵さん、さっきも見た」

前野さんがそちらに横目を向けると、六体の地蔵が並んでいた。止まるくらいに速度を緩めて確認するとそのうちの四体の首が欠けていた。

「もしかして、さっき、首が欠けたお地蔵さんを見たとか？」

「そう」ミアイさんの声のトーンが低くなっていた。「四つだけ首なし。そんなの何個もある？」

「ない」と前野さんは口にしたがすぐに次を続けた。「……こともない」

「そうね。そうだよね」

それだけ言うとミアイさんは静かになった。前野さんは車の速度を上げた。

「キャッ」

というミアイさんの小さな悲鳴が上がった。前野さんは思わずブレーキをかけていた。なぜミアイさんがそんな声を上げたのかわかった。左前方に、四体の首無し地蔵を含む六地蔵があった。欠けている地蔵の位置がさっきと同じだった。

「あ、でも」と言うミアイさんは視線をまっすぐ前方に向けていた。「着いてるね」

それが到着しているという意味ではなく、ラッキーであるという意味のツイてるだと思った前野さんは（どこがツイてんだ）と一瞬ムッとした。が、すぐに闇の向こうに小さく浮かび上がっている目的地に気付いて、着いたのだと悟った。

後から考えれば、そんな出来事があり、移動中からどこか変だったのだ。道は合っていると言いながらも、想定した時間よりずっとかかっていて、もうすぐ午前二時になろうとしていた。そもそも、ホウスケ兄さんの家の側に六地蔵などあっただろうか。以前は注意していなかっただけかもしれないが、目立つはずだ。いや、目立つのは首が無いからで、当時は首があって全然不気味ではなかったから記憶に残らなかっただけのような気もする。

そんなことを考えながらも、前野さんはその空き家に入った。電気は止められているので、それぞれが懐中電灯を持ち、照らしながら進む。廊下もどの部屋も意外に散らかっていない。むしろ、調度品は運び去った後のようだ。

「これって、もう目ぼしい物は運び終わってる？」

前野さんは不安を口にした。

「そんな気がしてきた」とミアイさんも弱音を吐く。

本棚があったという記憶を辿って二階に上った二人は、ホウスケ兄さんが書斎と呼んでいた部屋に着いた。中を見ると記憶通りに、本棚がドアと正面の机以外の壁を覆っている。

机の前の壁を照らし、前野さんはゾワッと鳥肌が立った。その壁に赤いペンキのようなもので、×印が描かれていたのだ。まるで侵入を拒まれているかのように思えた。しかし、ミアイさんはそれに気付かないのかさっさと中に入って、手近な本棚に明かりを向けていた。前野さんは我に返って後に続いた。

棚には本が残っているものの、大きく抜けがあり、残っているものの方が少なかった。実際、憶えのある高価そうな本は残っておらず、児童向けの妖怪図鑑などが数冊まとまって最下段に積まれるように倒れていた。前野さんには懐かしいもので、もしかするとそういう気持ちで手に入れたい人もいてそれなりに高価になるかもしれないと、持参したボストンバッグに詰め始めた。その意図を汲んだのだろう、ミアイさんも手伝う。

書籍の回収はすぐに終わった。

期待通りの成果ではなかったが、もしかすると良い小遣いにはなるかもしれないし、探検気分でちょっと楽しかったね、という感じの感想を述べながら出口に向かうミアイさんはあくまでもポジティブだった。

玄関を出ると、いつのまにか、小さな子供達がいた。もう午前二時である。そんな時間に十人はくだらない数の男の子が、薄暗く視界の悪い星明かりの中、玄関の向こうで駆け回っている。

どうもサッカーをやっているようなのだ。一つのボールを皆で追って蹴っているようだ。

それを目にして前野さんはあっけにとられた。

「うわっ、あれあれあれ!」とミアイさんは子供達の方を指さしている。「なんなの、怖いよ」

「あんなの、どこが怖い?」

絶対におかしいと思いながらも、前野さんは良いところをみせよう思い強がってそう言い放った。

ミアイさんが「マジ?」という顔で前野さんを見上げた。可愛い顔には尊敬の色が見えた。

それで勇気が湧いて、前野さんは子供達の中に駆け込んでいった。中学のときにサッカー部に所属していた前野さんはボールを奪ってやろうと思ったそうだ。実際に実力差は大きかったようで簡単にボールを足下に収めた。

困るくらいに遠くまで飛ばしてやろう。

そう思って、そのボールを思い切り蹴った。

足に激痛が走った。

それまで軽やかに転がっていたのに、ほんの数センチ転がっただけだった。

それは重たい、石の地蔵の頭だった。

子供達は、いつの間にか消えていた。

地面には地蔵の頭部が横を向いて落ちていた。

幸い、足に怪我は無かったが、しばらく痛みを我慢しながら帰途に就いた。今思えば、六地蔵の頭の数を帰りも数えていればと思ったけれど、当時はそれどころではなかったという。

そんな奇怪な出来事があった後、前野さんはときどき、町中で視線が気になるようになった。

そちらを見ると、腕で×印を作っている子供達がいるのだ。それを見た瞬間、ゾクッとするのだという。

なんだか、あれから呪われているような気がするのだそうだ。

それに、そんな×を見るたびに、なんだか疲れてしまい、実際にもどんどん目が悪くなっていた。

最終的に、前野さんは失明してしまった。

大変な不幸ではあるが、「正直なところ、もうあの×を見なくて済むので、ちょっと嬉しいんですよ」と、サングラスの顔をこっちの方に向けて前野さんは、ニヤッとお笑いになった。

第六脳釘怪談

2021年7月6日　初版第1刷発行

著者…………………………………………………………………… 朱雀門出
デザイン・DTP ………………………………………… 荻窪裕司(design clopper)
企画・編集 ……………………………………………………… 中西如(Studio DARA)

発行人…………………………………………………………………… 後藤明信
発行所………………………………………………………………… 株式会社 竹書房
〒102-0075　東京都千代田区三番町８－１　三番町東急ビル６F
email：info@takeshobo.co.jp
http：//www.takeshobo.co.jp
印刷所…………………………………………………………… 中央精版印刷株式会社